作者简介

江志全 男，1978年生，山东即墨人，博士，山东大学（威海）文化传播学院副教授，韩国国立庆尚大学交换教授，现从事比较文学与世界文学专业教学工作。工作以来在CSSCI，KIC等国内外核心期刊发表论文十余篇，出版专著三部。

江志全 著

韩国内容产业与山东文化产业竞争力提升

人民日报学术文库

人民日报出版社

图书在版编目（CIP）数据

韩国内容产业与山东文化产业竞争力提升 / 江志全
著 . -- 北京：人民日报出版社 ,2018.9
ISBN 978-7-5115-5684-4

Ⅰ.①韩… Ⅱ.①江… Ⅲ.①文化产业—研究—韩国
②文化产业—竞争力—研究—山东 Ⅳ.① G131.264
② G127.52

中国版本图书馆 CIP 数据核字（2018）第 233325 号

书　　名：韩国内容产业与山东文化产业竞争力提升
作　　者：江志全

出 版 人：董　伟
责任编辑：葛　倩
装帧设计：中联学林

出版发行：人民日报出版社
社　　址：北京金台路 2 号
邮政编码：100733
发行热线：（010）65369509　65369846　65363528　　65369512
邮购热线：（010）65369530　65363527
编辑热线：（010）65363486
网　　址：www. peopledailypress. com
经　　销：新华书店
印　　刷：三河市华东印刷有限公司

开　　本：170mm×240mm
字　　数：216 千字
印　　张：13.5
印　　次：2019 年 1 月第 1 版　　2019 年 1 月第 1 次印刷

书　　号：ISBN 978-7-5115-5684-4
定　　价：78 .00 元

前　言

　　21世纪以来，迅速发展的高科技产业和以知识创意为基础的文化产业日益成为世界经济发展的主要推动力量，并且两大产业日渐结合，不断创造出新产品，极大地改变了世界经济结构；与工业、农业、服务业等传统产业相比较，文化产业无须有形的自然资源来做支撑，所依赖的是无形的文化创意和构思，是与人类思维和创造相关联最为紧密的产业。文化产业之所以受到重视乃是因为其投入少，产生的附加价值却比较高，通过人才与文化、科技资源的有效整合，在市场经济条件下能够实现巨大的经济价值和社会效益。

　　文化产业的重要特点就是以创意的想象为基础，有机组合各种文化元素，并融合最新的科技，创造出富有创造性、艺术性、娱乐性、社会性、大众性等特点的高附加值文化产品；国家与民族的一切有形和无形的文化皆可以成为文化产业的"原料"，通过调查、筛选、组合、创意、开发、增值、包装与营销等市场经济手段，将无形价值、沉淀的价值转为有形价值，并带动旅游、餐饮、运输等关联产业的发展，增加就业，提高相关产品品牌知名度，增进社会和谐，提高国家文化软实力，可以说是21世纪最具有活力的高经济价值产业。因此，许多国家都将文化产业列为国家重点发展的战略性产业，增强国家软实力，为未来国际竞争未雨绸缪。

　　党的十八大报告中提出，文化是民族的血脉，是人民的精神家园。全面建成小康社会，实现中华民族伟大复兴，必须推动社会主义文化大发展大繁荣，兴起社会主义文化建设新高潮，提高国家文化软实力，发挥文化引领风尚、教育人民、服务社会、推动发展的作用。要推动文化产业快速发展，到 2020 年全面建成小康社会，文化产业成为国民经济支柱性产业。政府出台了一系列支持文化产业发展的政策文件，极大地促进了我国文化产业的发展步伐。

习近平总书记在党的十九大报告中提出，要坚定文化自信，推动社会主义文化繁荣兴盛。没有高度的文化自信，没有文化的繁荣兴盛，就没有中华民族伟大复兴。要坚持中国特色社会主义文化发展道路，激发全民族文化创新创造活力，建设社会主义文化强国。要推动文化事业和文化产业发展。满足人民过上美好生活的新期待，必须提供丰富的精神食粮。要深化文化体制改革，完善文化管理体制，加快构建把社会效益放在首位、社会效益和经济效益相统一的体制机制。完善公共文化服务体系，深入实施文化惠民工程，丰富群众性文化活动。加强文物保护利用和文化遗产保护传承。健全现代文化产业体系和市场体系，创新生产经营机制，完善文化经济政策，培育新型文化业态。推进国际传播能力建设，讲好中国故事，展现真实、立体、全面的中国，提高国家文化软实力。党的十九大报告描绘了文化产业新的发展蓝图，为我国文化产业发展指明了新方向。

目前，我国的文化产业已经是国民经济中颇具活力、对国家文化软实力提升发挥着重要作用的产业，取得了巨大的进步，但在发展过程中仍旧存在一些问题制约产业竞争力的提升，特别是文化产业质量不高，企业人才缺乏及创新力不足，产业产值在国民经济占比不高，离国民经济支柱产业尚有距离，文化产业"走出去"的步伐和效果有待提高……"他山之石，可以攻玉"，借鉴别国的发展经验，可以使我们少走一些弯路，韩国等其他国家的文化产业发展过程和经验可以为我们提供一些有益的参考。

江志全

2018 年 4 月 28 日

目 录
CONTENTS

第一篇　文化产业的基础与发展规律

第一章　文化产业及创意的生产·······························3

　第一节　文化创意与价值创造 ·····················3

　第二节　文化产业发展的促进要素 ·················10

　第三节　文化产业政策 ·······················17

　第三节　文化产业与经济变革 ···················24

第二章　文化消费市场的转变·······················32

　第一节　文化消费市场的改变 ···················32

　第二节　文化产业推进的供给侧结构性改革 ···········34

第三章　世界主要国家文化产业发展途径和产业政策·········39

　第一节　市场驱动型的美国文化产业 ···············39

　第二节　资源驱动型的英国文化产业 ···············45

　第三节　政策驱动型的日本文化产业 ···············53

第二篇　韩国文化产业分析

第一章　政府驱动的韩国文化产业·················61

　第一节　韩国文化产业发展过程 ···············61

　第二节　韩国文化产业及产业政策变迁 ···········65

第二章　韩国文化产业现状分析·················70

　第一节　韩国文化产业企业分析 ···············71

第二节　韩国文化产业销售分析 ⋯⋯⋯⋯⋯⋯⋯⋯⋯⋯⋯ 74

第三章　韩国优势文化产业分析 ⋯⋯⋯⋯⋯⋯⋯⋯⋯⋯⋯⋯⋯ 87

　第一节　广播电视产业分析 ⋯⋯⋯⋯⋯⋯⋯⋯⋯⋯⋯⋯⋯ 87

　第二节　韩国电影产业分析 ⋯⋯⋯⋯⋯⋯⋯⋯⋯⋯⋯⋯⋯ 91

　第三节　韩国游戏产业分析 ⋯⋯⋯⋯⋯⋯⋯⋯⋯⋯⋯⋯⋯ 96

　第四节　韩国动漫产业分析 ⋯⋯⋯⋯⋯⋯⋯⋯⋯⋯⋯⋯⋯ 101

　第五节　韩国音乐产业分析 ⋯⋯⋯⋯⋯⋯⋯⋯⋯⋯⋯⋯⋯ 108

第四章　韩国文化产业竞争力分析 ⋯⋯⋯⋯⋯⋯⋯⋯⋯⋯⋯⋯ 112

　第一节　韩国文化产业竞争力构成 ⋯⋯⋯⋯⋯⋯⋯⋯⋯ 112

　第二节　韩国文化产业竞争力要素分析 ⋯⋯⋯⋯⋯⋯ 114

第三篇　山东文化产业及竞争力提升

第一章　山东省文化产业发展现状 ⋯⋯⋯⋯⋯⋯⋯⋯⋯⋯⋯ 149

　第一节　山东省文化产业现状与特征 ⋯⋯⋯⋯⋯⋯⋯ 149

　第二节　山东省文化产业存在的问题 ⋯⋯⋯⋯⋯⋯⋯ 157

第二章　山东省文化产业竞争力的提升 ⋯⋯⋯⋯⋯⋯⋯⋯ 161

　第一节　政府的文化产业扶持政策 ⋯⋯⋯⋯⋯⋯⋯⋯ 161

　第二节　山东省文化产业竞争力提升 ⋯⋯⋯⋯⋯⋯⋯ 162

第三章　中韩 FTA 框架下的文化产业区域合作 ⋯⋯⋯⋯ 175

　第一节　中韩自由贸易协定（FTA）的签订与意义 ⋯⋯⋯ 175

　第二节　中韩自贸易协议关于文化产业的内容及分析 ⋯⋯ 177

　第三节　中韩 FTA 框架下山东与韩国文化产业合作 ⋯⋯ 181

　第四节　文化产业区域合作方式探讨 ⋯⋯⋯⋯⋯⋯⋯ 185

参考文献 ⋯⋯⋯⋯⋯⋯⋯⋯⋯⋯⋯⋯⋯⋯⋯⋯⋯⋯⋯⋯⋯⋯⋯ 192

附　录　《文化及相关产业分类（2012）》 ⋯⋯⋯⋯⋯⋯ 196

后　记 ⋯⋯⋯⋯⋯⋯⋯⋯⋯⋯⋯⋯⋯⋯⋯⋯⋯⋯⋯⋯⋯⋯⋯⋯ 206

第一篇

文化产业的基础与发展规律

第一章
文化产业及创意的生产

第一节　文化创意与价值创造

社会经济能协调运转，文化在其中扮演了重要作用。它控制及调整各类生产要素的组织配置规则在理论上具有系统性、逻辑上具有合法性、观念上具有认同性、情感上具有共通性、行为上具有连续性，协调社会发展目标，统一社会意志，融合社会观念，汇聚社会智慧，团结社会力量，实现财富增值和社会的可持续发展。文化创意利用新思维和新方法对旧有元素进行有效组合、推陈出新，能够促进产业各要素的新搭配和新整合，形成创新。尽管创意不等于创新，但却是创新的基础，文化创意融入生产的各个环节，推动技术变化，并因此促进经济增长。

一、文化创意创造价值

价值是事物满足人的需要的一种属性，是一种对人的有用性。由此，价值大小就具有了一定的主观性，且随人的需求而改变。马克思主义古典经济劳动价值理论将价值视为人类抽象劳动的创造，是通过物与物的形式表现出来的人与人的关系。

文化创意作为人类思想的表现，真、善、美与智慧的凝结，不仅具有经济价值，还具有较高的文化价值，这些甚至完全不能用金钱来衡量。同时，文化创意与实体产品的结合又可以大大增加产品价值。作为人类抽象劳动，文化创意的价值一直存在于产品中，一件产品从来就有文化创意的部分。它的价值大小是一个动态的呈现过程，在古典时期生产劳动率相对较低的条件下，人们对商品的实用需求高于对商品文化价值的需求，随着生产效率及人们受教育程度和文化素养的普遍提高，人们对商品中文化创意部分的需求越来越高；在市场条件下，随着人们对文化创意价值的看重，其价值表现出来的价格越来越高。在工业资本主义时代，价值主要由机械、人力劳动和物质商品所生产和积累；而在当今知识资本主义时代，文化知识成为价值的源泉和积累对象。在知识经济体系中，经济与文化越来越融为一体，商品的品牌价值成为企业文化价值的重要体现。品牌虽然以非物质形态存在，却可以反复地转化成物质财富。不少大型跨国公司通过创设自有品牌，即使不直接从事生产，也能通过知识产权获得丰厚的利益。长期以来，国内对文化价值往往过于强调其公共属性，对文化的经济价值认识不足，特别是忽视了文化在创造、培育无形资产方面的巨大作用，以至于妨碍了无形价值向财富的有效转换。

二、文化创意提升产品价值

文化产业的基础是具有创意艺术才能的个人，他们同管理人员、技术人员一起创造出可出售的产品，这些产品的经济价值在于其文化属性。文化创意的价值输入是生产者以产品的物理特性为基础，根据消费者不同的心理需求（包括社会阶层、年龄、文化层次、地域等的差异），以特殊的形制或符号将无形的文化创意信息融入产品，向消费者传递特定信息的过程。消费者购买产品后接受产品承载的信息，以增广知识或提高能力，获得快感。通过这一过程，产品的价值由人与物之间的关系转化为人与人之间的关系。在此环节中，产品成为商品，其承载的文化信息即为交易的纽带，从微观角度看，人们对产品凝结的文化要素的使用价值的认同，是产品文化价值实现的基础。因而，价值认同群体在社会群体中所占比重越大，产品购买的数量就越大，产品体现出的文化价值越大。因此，消费者在购买某种产品时，不仅要购买产品的使用价值，还包括产品所附加的非物质形态的超值价值——包括情感、尊重、地位、自我价值实现及个性表达等，这些部分则主要是由文化创意赋予产品的。比如，在钻石仅仅是作为切割玻璃的工具的时候，其价格仅仅由其使用价值决定，但当钻石坚硬的特性被赋予爱情永恒不移的文化内涵后，此时的钻石承载了无价的爱情文化，因此可以卖到较高的价格。服装、广告及时尚产业的绝大部分价值是由文化创意所创造。随着现代经济由传统制造业向创意制造业的转变，文化创意在传统硬财富制造业上增加了更多的软价值，迈克尔·波特（Michael. E.Porter，1947—）的价值链理论将企业表述为在设计、生产、销售、发送和辅助其产品的过程中进行种种活动的集合体，企业的这些活动构成了一条价值链，链条越长，产品附加的价值越高。文化创意作为人类思想的抽象劳动，可以渗透于企业整个价值链的过程，由此大大延长和增加企业价值链条。

三、文化创意提升生产效率

文化创意可以优化企业内生态，激发企业创新活力。从企业文化的宏观层面看，文化渗透于现代企业的组织结构、规章制度和人员行为之中，为企业发展提供持久动力。文化创意不仅促使企业各种观念更新，促进企业计划、管理、组织、实施等水平提高，企业管理者和生产者的行为更符合市场发展规律，还进一步促进企业技术和工艺生产流程的创新。企业的竞争根本上讲就是人才的竞争，优秀的企业文化能够激发员工的积极性、主动性和创造性，培育企业精益求精的工匠精神和勇于尝试的创新精神，最大限度地统一员工意志，规范员工行为，凝聚员工力量，提高企业竞争力。从企业生产层面看，文化创意可以在企业进行"个性化定制、柔性化生产"及"增品种、提品质、创品牌"的过程中发挥效力。文化要素的加入，会重塑企业生产组织流程，包括新原料的使用，新工艺、新设计的采用，新的组织管理方式和服务营销方式，优化企业内外资源配置，形成新的观念，一系列要素的改变和重组也将形成良性循环，激发企业创新的活力。未来的企业竞争将主要在知识及创意领域展开，国家地区的文化创意能力也体现了一个国家的竞争力。

四、关于文化产业的认识与定义

关于文化产业的论述，一般是从经济学的角度进行的，早在19世纪，马克思在《1848年经济学哲学手稿》中就进行了一定的阐发，《手稿》中的"大生产力"观念明确了生产力包括物质和精神两种生产力范畴，并且第一次把"文化艺术"与"工业活动"联系起来。当艺术家进入生产行列，为了出售而大量生产商品的时候，那么文化产品就被工业化了。马克思的这一思想后来被法兰克福学派所继承，但在霍克海默（Max Horkheimer）和阿多诺（Theodor Adorno）那里，"文化工业"是受到批判的对象。法兰克福学派在考察现代文化工业生产后，发现文化工业所呈现的生产方式是标准化、齐一化或程式化的，在这一过程中，艺术作品被彻底世俗化、均质化和商业化，文化工业最终会导致人们的异化与自我异化。与此相比，本雅明（Walter Benjamin）对文化工业的观点相对比较积极，他从文化平等的角度看待文化工业，认为尽管文化工业的机械复制技术使艺术丧失了"灵韵"，但是这样的现代化科技手段却使得普通大众获得了接受更多文化的权利，因此，本雅明认为，机械复制可以带来文化上的民主平等。

第二次世界大战之后，随着第三次科技革命的推进，以信息技术为核心的智能生产力飞速发展，世界范围内的文化与经济一体化的趋势越来越明显。如果说资本主义工业大生产时代表现为经济生产与文化艺术的对立和分离这一特征的话，那么以智能生产为主要方式的新经济时代特征便逐渐演化为经济与文化艺术的融合，也就是"文化的经济化"和"经济的文化化"。自20世纪80年代开始，文化就被视为整个社会经济政策的一部分，文化政策逐渐脱离政治领域，其政策内容与社会经济政策难以区分，被霍克海默、阿多诺等文化批评家执否定态度的文化产业重新又获得了积极的意义。从国家的角度来看，文化产业可能带来大量的经济、文化和政治利益：国家凭借文化工具和话语促进民众对民族和国家认同；在经济方面，商业经济与文化的融合给现代商业带来了无尽的利润；在国际政治层面，文化产业的对外输出成为国家国际形象塑造的利器。面对文化产业激烈的国际竞争，世界各国不仅把文化产业提升为国家战略，而且将其视为提高国家软实力、提升国家竞争力的重要手段。

　　随着新自由主义经济思想的全球扩展，文化产业所强调的创意性被提出来与经济发展相联系。20世纪90年代后期，英国为振兴经济提出了"创意产业"（Creative Industry）的新概念，并在《英国创意产业报告》中对"创意经济"进行了描述，即"那些从个人的创造力、技能和天分中获取发展动力的企业，以及那些通过对知识产权的开发可创造潜在财富和就业机会的活动"（CITF，1998）。经济学家约翰·霍金斯（John Howkins）在《创意经济》（The Creative Economy，2001）一书中，从产业角度给创意经济做了界定。他把创意产业界定为其产品都在知识产权法的保护范围内的经济部门。美国卡内基·梅隆大学（CMU）的地区经济发展教授佛罗里达（R. Florida）则认为"创意时代"（Creative Age）已经到来，在创意时代，竞争的核心要素发生变化，国家和地区的经济不再主要是由其自然资源、工厂生产能力、军事力量，或者科学和技术构成。在创意经济时代，竞争各方围绕的核心是人才资源，即一国能动员、吸引和留住具有创意才能的人才。因为在创意时代推动经济增长的主要因素不再是技术，也不是信息，而是创意。随着文化产业的不断扩展和变化，各国对文化产业内涵的认知有所不同，对文化产业的定义也各有侧重。澳大利亚麦考瑞大学（Macquarie University）的戴维·思罗斯比（David Throsby，2001）认为，文化产业就是"在生产中包含创造性，凝结一定程度的知识产权并传递象征性意义的文化产品和服务"。他在《经济学与文化》一书中用同心圆的形式对文化产业的行业范畴进行划分。他将传统意义上的创意艺术，如音乐、舞蹈、戏剧、文学、手工艺等置于同心圆的核心层次。此外，还包括综合性的艺术形式，如表演艺术等；围绕这一核心的是那些具有上述文化产业特征同时还生产其他非文化商品和服务的行业：图书和杂志出版业、广播电视业、报纸业和电影业；而处于同心圆最外围的则是那些部分具有文化内容特征的行业：广告业、旅游业和建筑服务业。同心圆的方式将文化产业进行了具象化的划分，表现了文化产业所具有的层级特点和外向辐射性。然而，同心圆理论的描述并不能构成文化产业的定义，相比之下，联合国教科文组织对文化产业的定义更为广泛、更具有概括性，即按照工业标准，生产、再生产、储存以及分配文化产品和服务的一系列活动，都称为文化产业。

文化产业不同于一般的物质商品，它还具有区别于其他商品的外部性和公共产品属性。外部性也称作外部效应，指的是个体的经济活动或行为给社会上其他成员造成影响而又不承担这些影响所带来的成本或利益。外部性分为正的外部性和负的外部性。作为意识形态有效载体的文化产品，以传播为价值产生渠道，并且在传播过程中对受体的思想认识有着很强的影响功能，对社会精神文明建设有重要促进作用。外部性作用的对象及强弱直接决定和影响着文化产品的提供方式、政府补助力度、政策手段选择、供给取向等。文化产品纯粹的公共产品属性是指与私人产品相比较，文化产品具有非竞争性和非排他性两个基本特征。一般物质商品的消费是人们的一种占有与直接的使用消耗，而文化商品的消费方式在很多情况下是欣赏，它所消耗的只是文化艺术的物质载体，其文化价值不但不会消耗，反而在传播过程中进一步丰富。还有些文化产品是以整个社会为对象，社会的每一个成员都可以无偿获取并消费，如城市街头的雕塑、画廊，广场社区的音乐会等。同时，由于文化具有传承品格，公益性的文化产品对社会具有积极的意义，即使对消费者的排他收益超过排他成本，也不能放弃文化产品的公共性。因为市场无法配置纯公共产品，所以在纯公共产品问题上容易出现市场失灵，而文化产品作为公共产品的部分需要政府公共财政进行调节。

由于文化（culture）是一个非常宽泛的概念，在国情不同的情况下严格准确地定义文化产业非常困难，国际上还没有一个被各经济体普遍采纳的文化产业定义。目前，联合国教科文组织 (UNESCO) 的定义被引用得较为广泛：文化产业指按照工业标准生产、再生产、储存及分配文化产品和文化服务的系列活动。除了国际公认的几个普遍特征之外，各国对文化产业的认知还有不同的侧重。比如在美国，文化产业被称为"版权产业"，也称作"娱乐产业"，根据产业门类的不同，可分为娱乐与电子传媒（电影、电视剧、光盘、有线电视和广播）、新闻出版（报纸、杂志、书籍和其他印刷品）和旅游（包括30个与旅游和旅行有关的部门如住宿、接待等）在内的三部分。日本的文化产业统称"娱乐观光业"，以强调文化的内容属性，包括内容制造产业、休闲产业和时尚产业。在韩国，文化产业就被称为内容产业（Content Industries），韩国在 2003 年 5 月修订的《文化产业振兴基本法》中提到文化产业的定位，即对文化产品的计划、开发、制作、生产、流通、消费等，以及与之相关的服务的产业；而对文化产业的界定则是，包括了文化的要素，并在经济上创造出附加价值的有形、无形的商品（也包括与文化相关的内容以及数字文化内容）和服务，以及其复合体。韩国对文化产业的概括可总结为：以文化和艺术作为源泉，对其进行储存，然后在一定程度上，对于创造性的成果进行大量生产，或者从最初就对个人的创造性契机进行灵活运用，并生产文化产品的产业。这一定义侧重于文化产业的创造性和创意。

在我国，谈到文化产业的概念常常包含有双重的内涵。从理论上说，就是清楚地认知文化生产和文化产品的这种双重特征：既看到它的意识形态属性一面，又看到它的商品形态一面；既将它摆到精神文明建设的重要地位，又将它放到社会经济的层面进行考量。尽管这两种属性会在一些情况下产生彼此的对立，但在实践领域内，人们又很难将文化产业的这种双重特征做出清晰的区分。当前，经济发展话语成为社会的主流话语，地方政府通常会从经济话语角度来思考和论述文化产业，将其视为社会经济的重要组成和推动要素。

国家统计局在 2004 年制定的分类标准《文化及相关产业分类》，从经济层面把文化及相关产业定义为"为社会公众提供文化、娱乐产品和服务的活动，以及与这些活动有关联的活动的集合"。2012 年的修订版本把文化及相关产业的定义进一步完善为"指为社会公众提供文化产品和文化相关产品的生产活动的集合"，并在范围的表述上对文化产品的生产活动（从内涵）和文化相关产品的生产活动（从外延）做出解释。根据这一描述，文化及相关产业包括了四方面的内容，即文化产品的生产活动、文化产品生产的辅助生产活动、文化用品的生产活动和文化专用设备的生产活动。其中，文化产品的生产活动构成文化及相关产业的主体，其他三方面是文化及相关产业的补充。根据这个概念，我们可以对文化产业的结构形式做出分析。它可以分三方面：一是产业的部门群，即以价值相近的资源或产品生产、服务部门的集合。二是产业链，即有递进关系和横向构造的产品生产、服务部门的组合。三是行业网络，即若干相近产业链的纵横交错和前后延伸。以此为基础，还可以将目前文化行业的产业构成状况进行大概的分类：一类属于文化的产业本体部门，即以文化资源或原本形态进行文化生产或服务的部门。目前所称的文化产业，主要是指这类部门。另一类是文化相关的产业交叉部门，即以文化形态为重要资源和手段进行生产或服务的部门。在归类上它有时不完全属于文化产业，但同时又跟文化本体产业有着比较密切的联系，是一种文化与其他产业的融合性产业，此类产业的范围在当前越来越广。第三类是文化更大范围的产业延伸，即在文化产业周边形成的复杂网络体系，其中有些部门可能缺乏本质上的同质性联系，但在形式上都跟文化或多或少地存在联系。

如果将文化产业放在知识经济和全球一体化迅猛发展的当代世界经济背景下考量的话，可以发现，近十几年以来，文化产业已经发生了重大转变，新的产业形态不断出现，它越来越成为第三产业中最具现代价值、与高科技尤其数字技术结合最紧密的产业。由此，现代文化产业实际上成为由各种要素构成的一个巨大的"超产业群"，它们基于大规模复制和传播技术，经商业推动和经济链条的中介效用，将文化艺术创意渗透于产品的原创、保存和展示等基本环节，其整个过程奠定在现代知识产权之上。近年来，随着文化产业与其他产业融合进程的加速，文化产业原有的形态不断被改变，同时，科技和创意成为越来越突出的要素在未来文化产业发展中起到决定性的作用。作为新兴的朝阳产业，文化产业在当代社会经济发展过程中具有越来越突出的战略作用，习近平总书记在党的十九大报告中指出："中国特色社会主义进入新时代，我国社会主要矛盾已经转化为人民日益增长的美好生活需要和不平衡不充分的发展之间的矛盾。"而文化产业能够促进社会经济产业结构升级，成为经济增长点和支柱产业，并保障先进文化的发展方向，满足人民日益增长的精神文化需求。文化产业繁荣昌盛符合当下我国社会主义发展规律，成为推动社会精神文化和经济发展的重要动力和保障。

第二节　文化产业发展的促进要素

文化产业作为社会文化的商业性延伸，也是文化在现代商业时代的必然表现形式。促进文化产业发展的主要动力可以分为内外两部分。从根本上讲，促进区域社会文化繁荣的条件都可以被视为促进文化产业发展的基础性因素，这些因素范围广阔，包括自然环境、人文环境、社会构成、生产力水平、社会的教育、经济发展状况……

一、文化资源与文化生态

在资源层面，文化资源作为文化产业的基础要素，在很大程度上影响到一个地区文化产业的形态和走向，文化资源的特点也影响着地区文化产品的内容和形式特点。一个地区或民族的文化传统、审美习惯和民族特性影响文化艺术的表现内容和表现形式。文化资源的丰富与否在其产业化过程中也会发挥效果不同的资源效应。与其他产业资源的封闭性和固定性不同，文化资源并非一定表现为有形的或物质层面的元素，区域或地区的传统、历史、观念、意识等无形的资源更为重要，这部分文化资源具有较强的传播流动性，其他地区和国家的文化产业也可以加以利用。文化产业应当考虑如何将资源优势从量转化到质上，特别是无形的资源转换更为关键，从而获得较高的社会效益和经济效应。从文化的生成过程看，文化生态的活力和创新性是文化繁荣和文化产业良性发展的根本保证。采用适当的方式保障和提高区域文化生态的活力是促进文化繁荣的基础，而保障文化生态的活力则需要多种条件来实现。作为动态的有机系统，社会文化不是经济活动的直接产物，而是在人、自然、社会等各种变量的交互作用中产生，其具体表现在某区域的全体居民的日常生活中。如同自然生态一样，文化生态也是脆弱的，具有不可再生性，一旦打破平衡就很难再恢复。文化产业的根本性动力就在于文化生态的健康和富有创新性的活力，必须认识到文化生态、文化生产和文化传承的互动关系。自20世纪80年代以来，西方学者对文化产业对文化生态造成破坏的质疑和批判一直没有中断。从20世纪中期的文化批评家汉娜·阿伦特（Hannah Arendt）、克莱蒙·格林伯格（Clement Greenberg）、德怀特·麦克唐纳德（Dwight Macdonald），到索尔·贝娄（Saul Bellow）、乔纳森·弗兰琛（Jonathan Frantzen）、史蒂芬·杰伊·戈尔德（Stephan Jay Gould）、罗伯特·休斯（Robert Hughes）、西蒙·沙玛（Simon Schama）等从各方面对娱乐业的低俗化倾向和对多元文化的戕害提出抗议。这些批评家对文化工业化的严厉批判被凯瑟琳·瓦什伯恩（Katherine Washiburn）、约翰·索恩顿（Johan Thornton）收录于《文化衰微》（Dumbing Down_Essays On The Stip-mining Of American Culture，1997）一书中。随着跨区域经贸活动、移民、文化交流、国境（地区）开放，地区文化生态处在剧烈的变动中，一些文化消失，文化多元化逐渐被全球化冲淡。舶来文化、新兴文化与本土传统相碰撞、融合，一方面改变了本土固有的文化生态，另一方面在文化生态肢解中，又培育、融合，形成了新的文化元素和新的文化生态系统。（见表1、2）

表 1 文化生态形成因素表

环境因素	总体环境	局部环境	原有环境	可变环境
自然环境	大陆环境	平原、山地和沿江环境		
	海洋环境	半岛、岛屿和沿海环境		
社会环境	生产力发展水平	各民族、地区间生产力差异	原有生产力水平	发展后生产力水平
	经济基础环境	各民族、地区间经济基础差异	某地区经济交流开放前经济基础	某地区经济交流开放后经济基础

表 2 文化生态构成元素

	物质文化	非物质文化
空间形式	建筑、雕塑、城市等	绘画、书法、工艺品等
时间形式		演艺、文学文本等
其 他		民俗、节日、企业、团体文化

二、文化产业结构变迁要素

从现代产业的角度看，根据资源配置的差异和产业结构的变化，文化产业内部发展逻辑的不断变动是内因，表现在三方面：一是产业内部结构的调整，一些传统文化产业形态衰落，新兴产业形态不断崛起；二是产业结构的升级，随着信息科技的融入，文化产业自身不断升级；三是产业间的融合使得文化产业的外延不断拓展，并与其他产业紧密结合起来。文化产业结构变迁的外部因素主要包括四方面：科技、人才、政策与市场/社会经济。

科技在当代文化产业发展和升级的过程中起到了巨大的推进作用。文化产业技术发展的快慢取决于科技驱动技术突破的力度和转化速度，科技进步不断推动文化产业的更新和调整，使文化产业获得迅捷、高效的表现手段和发展手段。可以说，文化生产技术的突破成为推动文化产业革命和变革的基础性和决定性力量。从大数据的应用、到云平台的搭建，从3D打印技术的推广、再到 VR 和 AR 技术的应用探索，文化与科技的融合创新已经成为文化产业发展的核心支撑力量。数字技术和网络信息技术掀起了一波波高科技应用的新浪潮，不断催生出新兴的文化表现形式和文化业态。文化产业中发展最为迅速的影视传媒、动漫、网络游戏、工业设计等产业，它们无不与技术进步，尤其是信息技术的发展息息相关。在未来文化产业的创新过程中，科技发挥的作用将越来越大，科技已经成为文化产业竞争的核心要素。

人才作为文化创造和创意承载的主体，是除了文化科技以外，对文化产业持续发展起决定性作用的主要因素。人才是文化产业不断产生巨大价值的真正源泉。如果没有文化产业的创意人才，无论是机器、设备，还是材料等，都只能是一堆无意义的器材和物质，只有人脑所产生的创意把它们合理巧妙地结合在一起之后，并把文化、社会、经济，以及科技要素有机而完美地融入其中，才能最终创造出满足市场需求的内容产品和服务。从发达国家的产业实践和理论研究来看，地区文化创意人才群体的形成和崛起，才是推动文化产业发展不可或缺的原动力。创意人才推动区域经济持续增长。美国区域经济学家理查德·佛罗里达（Richard Florida），通过对美国人口过百万的一百多个城市的统计数据进行分析后，提出了促进文化产业发展的三个关键因素：人才（ Talent ）、技术（ Technology ）和宽容的社会文化环境（Tolerance），该研究结论后来被命名为"3T"理论。"3T"理论提出后在理论界引起了巨大的反响和争议。佛罗里达的理论突出了人的根本性作用，将人才视为影响创意产业发展第一位的因素。文化产业尤其依赖人才的创造性劳动，佛罗里达将创意人才分为"特别有创造力的人"（如艺术家）和"有创造性的职业人员"（如教师、工程师、设计师等）。其中，引起争议最广泛的是他对创意阶层的论述，佛罗里达将上述这些创意人才构成的群体称为创意阶层，他将创意阶层视为稳定的聚合群体，而且认为创意阶层会呈现出与其他阶层不同的独特特征：第一，创意阶层具有较强的创造力，他们从事创造性的工作，因而会产生新的创意想法，改变陈旧观念，发明新技术和方法。第二，创意阶层群体具有某些共同的价值观或者能力，他们普遍尊重个性，倾向于开放与多样性的社会环境，勇于重新修改规则等。第三，创意阶层具有独特的生活方式及价值取向，他们在选择工作的时候，特别注重工作的意义及灵活性、公司所处的位置、个人工作环境的舒适性等外部因素；在业余生活方面也喜欢各种探索性活动。

基于上述特点，创意人才会主动选择具有包容性和多样性的城市和地区。创意阶层在工作与业余生活方面的价值取向会对城市和社区产生深刻影响。创意人才聚集的城市地区，不仅具有多样文化和开放的政策环境，能够提供较高生活质量，而且还要对创意人才的思想行为和创造有较高的宽容度。尽管佛罗里达关于创意阶层的理论受到不少批评，但他的确指出了创意人才对于文化产业的重要性，并试图对其群体特点进行概括。实际上，创意阶层的概念应该是开放的和多元的，其他的"非创意阶层"同样会产生大量的创意，并不能将创意人才归为某个阶层。在中国文化产业发展的过程中，创意人才短缺的情况普遍存在，我国的创意阶层正处于培育和积累过程之中，因此创意人才的政策和培养环境非常重要。

文化市场是文化产业发展的基础条件之一。文化市场是指文化商品、文化服务及文化资源营销活动的场所。文化产品需要在市场上完成价值的增值过程，实现从无形价值到有形价值的转换。实际上，文化市场应该是一系列市场组成的市场体系。文化市场体系是一个由多种类型的市场共同构成的系统。根据交换内容的不同，其构成市场的基本要素也会有所不同，由此决定了文化市场的类型繁多且复杂。文化市场可大体分为三大类，即文化产品市场、文化服务市场和文化要素市场。市场最重要的是产品需求，没有文化需求就没有文化产业的繁荣，并且文化产品具有更高的收入需求弹性，人们对文化产业提供的产品和服务的需求会比对物质产品的需求增长得更快，要求也更高。与其他商品市场相比，文化市场具有高度的统合性，文化产品的流通是超区域的，乃至于超国界的。现代化流通条件大大加快了文化产品的流通速度，这就使得文化市场的竞争极为激烈。不同消费者对文化产品的需求并不一致，市场需求多元性给文化产品提出了更复杂的要求。

国家或地区的社会经济结构对文化产业也可以产生重要的影响。首先，一个国家的经济结构和产业结构，在很大程度上决定了该国的文化产业结构。其次，社会经济的发展创造出文化消费者，并影响消费者的欣赏品位。经济发展加速社会阶层的分层化，带来适应不同阶层、不同年龄文化消费趋向的文化行业和文化产品的出现。近些年来，全球范围内的舞台艺术市场的持续扩大、艺术品拍卖和收藏业的兴起、网络文化产业的发展无不是经济增长和经济结构变化的结果。社会经济发展的走向，在很大程度上决定着文化产业的兴衰。社会经济的发展为一些需要大资金投入的文化行业提供了入口和机会，这一过程在电影业、网络游戏业、主题公园等领域内体现得尤为突出。另外，社会经济结构的调整会对整个文化产业链结构产生影响，对文化产业链条上下游产生正向、逆向和间接的延伸波及作用。社会经济对文化产业的影响往往从核心产业开始，逐步扩展到中间产业和上下游产业链。

理论与实践表明，决定文化市场需求的不仅是物质条件，还有文化消费者的艺术趣味和欣赏水平，而且这种艺术趣味和欣赏水平具有积累性和不可逆性。例如，人们为美术、音乐、文学、戏剧及表演的欣赏及其消费而愿意付出的代价，取决于人们对该种艺术所具备的知识与理解。这种文化趣味和能力不是天然具备的，要通过后天教育与经验来获得。这就需要政府投入资源，进行文化事业基础性建设，支持博物馆、美术馆、音乐厅建设运营，扶持文学、戏剧、音乐、美术、舞蹈等高雅艺术的发展。培育文化市场是一个长期的过程，也是经济发展、社会富足之后的必然趋势。完善的文化市场包括市场保障体系、服务体系、监管体系等，如维护市场有序运行的各种法律、法规、规章、制度及其执行和监督机构，以及市场服务机构、中介服务机构、交易平台等，尤其是一系列完善健全的法律制度可以有效维护市场公平，规范市场秩序，保护经营者和消费者的合法权益，促进市场健康发展。

文化政策也是促进文化产业发展的重要外部因素。联合国教科文组织把文化政策定义为：地方、国家、区域或国际层面上针对文化本身或为了对个人、群体或社会的文化表现形式产生直接影响的各项政策和措施，包括与创作、生产、传播、销售和享有文化活动、产品与服务相关的政策和措施。20世纪80年代之后，随着文化产业从艺术和文化遗产、电影、广播和印刷媒体等传统领域拓展到时装、建筑设计、旅游、城市和区域发展、国际贸易乃至外交等众多领域。同时，由全球化及全球化带来的文化产品跨国贸易，深刻影响到文化产品的制造、流通和消费。文化政策的调整成为各国必须解决的问题。实际上，各国文化政策的范围和内容都不相同。过去各国文化政策关注的重点领域是公众或国家对文化艺术的支持，但随着文化艺术被视为一种与信息和知识经济相联系，能够大大促进创造力，成为广泛又充满活力的经济领域活动的一部分之后，文化政策延伸为经济政策和产业政策就是自然而然的了。文化经济政策作为经济政策，则需要通过经济杠杆和各种经济利益手段的作用，来影响和调控社会文化部门和有关对象的行为，达到调控目标实现国家意志，其中的经济手段大致包括各类经费投入、物资分配、价格、税率、利率、汇率、工资，以及物质奖励等经济杠杆和利益手段。

文化经济政策有法律的形式、规划的形式和政策性文件的形式，其中最大量而且使用最普遍的是国家及管理部门下发政策性文件的形式。从政策的时效性划分，有长期政策、短期政策和对策型政策；根据政策运用领域的不同，可分为宏观政策和微观政策；从级别层次上分，有国家文化经济政策、部门和地方文化经济政策等。文化产业政策的有效实施与否能够在较大程度上影响国家地区文化产业的发展。在当代世界，不断丰富的文化产业政策体系成为文化产业发展的重要推动因素，政府通过产业政策干预文化产业发展也是各个国家普遍采用的方式。文化产业政策为引导产业发展方向、优化产业发展环境发挥了不可或缺的作用。

除了人才和产业政策，也有一些因素会影响文化产业发展。根据欧洲和亚洲部分城市文化产业发展经验，可以发现政府支持或者政府功能在各国文化产业发展中的作用力度越来越强。发展中国家尤其需要通过政府政策指导来促进创意经济发展，政府予以政策性的支持、引导和调整，为文化产业健康发展创造良好的制度环境显得越来越重要。当然，除了政府的政策之外，城市建设特别是便利的文化基础设施和配套设施等因素亦是影响文化产业发展速度的重要因素。还有一部分研究者则强调了城市整体实力对文化产业的综合作用，文化产业需要良好的配套设施和辅助机构的支持，如密集的交通和通信网络、教育和培训、金融机构、专门商业服务、中介机构、零售业、观众、研究机构等，上述因素虽然不是决定性的，但却对文化产业发展有重要的推动作用。在现代商业环境中，这些商业环节对文化产业产生的影响越来越突出，甚至能够对产业发展方向起到重大的作用。

第三节　文化产业政策

一、全球化与文化产业政策调整

当代意义上的全球化实际上是从20世纪后期开始的，随着冷战结束和全球交通、技术的变革，到21世纪迅速得到拓展，在经济、社会、政治领域引起了巨大的变化。其中，在文化领域的影响正不断深化，并通过文化渗透到全球其他更深层次的领域中。全球化至少从三个层面展现出与之前的不同：首先是各类资源尤其是资本和劳动力在国家和地区之间流动的障碍被打破；随着本国和跨国公司商业贸易的不断增加，许多商品和经济要素的全球化市场逐渐形成；通信技术和交通的国际化程度越来越高，文化符号和信息得以在全世界自由传递；这当中起到关键作用的是信息技术革命，计算机技术的飞速发展所引领的数字化革命，全球互联网的成长和数据传输技术的发展。上述因素综合起来为文化全球化扩散提供了技术动力，进而为各国和国际政策制定者在文化经济观念方面奠定基础。

全球化对艺术家、创业者、文化产品的制作和分配及文化机构和消费者的影响十分深刻。首先，在文化生产领域，新的文化技术不断涌现。文化生产的形式和过程已经发生巨大的变化，这些变化在电影、广播、电视、音乐、绘画等各类艺术领域内都有所体现。一些使用新媒体的艺术家在试验用新的方法创作并同消费者保持密切交流沟通，快速创新了艺术形式。在流通领域，全球互联网给文化产品的流通带来了极大的便利，尤其是电影、电视、广播、音乐等多媒体影音产品，可以方便地在全球范围内迅速传播。以网络平台为基础，可以展开电影、音乐、动漫等多领域、跨平台的商业拓展。从产业链上下游纵向看，它们贯通融资、内容制作、演艺明星、宣传推广、发行销售、衍生产品等各个环节。在消费领域，基于互联网的文化消费也成为当前世界文化消费的主流。互联网技术使生产者通过新途径改善信息和市场服务，实现业务有效运营。互联网能够迅速而广泛地将产品传播渗透于世界各地。博物馆、艺术馆和公共画廊对藏品进行数字化处理。文艺演出采用互联网售票，书籍和报刊提供手机阅读……社交网络的兴起大大增强了消费者获得视听文化产品的信息渠道和便利性。同时，互联网也深刻影响到消费者对文化产品的趣味和倾向，并使得消费者对文化产品的多元化和多样性的要求越来越高。各类因素的叠加效应，文化生产、流通、消费三阶段融合并互相影响，深入拓展到其他领域，使得文化产业在当代社会的重要性不断增强。

　　如同一个硬币的两面，全球化在促进文化的繁荣方面发挥了重要作用，但同时它对文化在许多方面的负面影响也日益受到关注：首先，文化生产和销售的传统模式受到威胁，互联网不断削弱某些传统行业。比如，音乐行业创作者、出版商和发行公司的收入降低，传统期刊和报纸的读者日益下降，互联网和手机阅读代替传统阅读，一些优秀的传统报刊消失。同时，全球化的进程并不平衡，强势文化的全球化传播的后果之一就是导致全球文化生态遭到破坏，文化多样性持续衰退，不同国家和地区的文化差异性减弱；特定文化（强势文化）通过电影、艺术、音乐、文学等方式加强在世界的影响，弱势文化日渐消退。在经济学视野里，文化多样性可以转化为文化资产，它能够带来源源不断的文化价值。如果将文化多样性同其他文化资产一起同其他自然资产相比较，可以发现，文化多样性同自然界的多样性——生态多样性同样重要。文化和文化多样性表达的价值首先在于它们所提供的丰富文化公共产品，生活能够由此变得更加丰富多彩，这是单一性文化无法取代的价值。其次，文化世界如同自然界一样互相关联。自然界没有一种物种是孤立存在的，一旦相互孤立，就会造成物种的停滞、退化和死亡，文化生态也是如此。文化领域同样需要多样的形态，互相激发才能不断产生新文化形态。文化生态系统将各类文化维系在一起，并赋予人类生活重要的意义，在人类生产、消费和交易活动中是同样重要的。在经济生产活动中，如果文化链条缺失或者断裂，就会失去经济活力，丧失经济效率，最终停滞。最后，生态界的物种可能具有尚未发现的经济效益，这也是生态多样性的价值，任何物种的消失都会造成社会潜在的损失，可能引起未来经济成本或者机会成本的损失。同样在文化领域，特定的文化形态和表现可能具有未被证明的经济和文化价值。文化多样性给未来带来的开放性选择是极有价值的，当某些文化资产遭到永久流失的威胁时，需要社会予以特别的警惕和关注。

多样性既带来经济价值，也带来丰富的文化价值，这些双重价值是当代各国政府制定文化政策和文化产业政策时必须要考虑的重要因素。因此，文化多样性的概念被赋予多重意义，并带来政治、文化、经济及社会反应。在国家内部，各个群体被视为具有多重身份和复杂文化特征的共同体，最终构成国家或者其他形式的身份。政策制定者需要推动文化民主，促进各群体平等参与文化建设，并对弱势文化群体予以保护等。在国家之间，文化多样性侧重于文化间的对话交流，国际经济参与的公平性，以及如何应对全球一体化带来的文化同化等。2001年，联合国教科文组织大会发表《世界文化多样性宣言》，宣言提出，跨文化对话是和平最好的保障，反对那种"'文明的冲突'在当代世界不可避免"的主张。

二、文化政策工具

随着全球化的深度扩展，世界各国政府分别调整文化政策，以应对全球化的冲击，发展繁荣国家和地区文化。政府一般性文化政策工具包括：财政政策、监管政策、产业政策、劳动力政策、贸易政策、文化产业监测和评估、文化效益评估等几方面。

（一）财政政策

财政政策是指为促进就业水平提高，减轻经济波动，防止通货膨胀，实现稳定增长而对政府财政支出、税收和借债水平所进行的选择，或对政府财政收入和支出水平所做的决策。或者说，财政政策是指政府变动税收和支出以便影响总需求进而影响就业和国民收入的政策。增加政府支出，可以刺激总需求，从而增加国民收入，反之则压抑总需求，减少国民收入。税收对国民收入是一种收缩性力量。因此，增加政府税收，可以抑制总需求，从而减少国民收入，反之，则会刺激总需求增加国民收入。它由国家制定，代表统治阶级的意志和利益，具有鲜明的阶级性，并受一定的社会生产力发展水平和相应的经济关系制约。由于财政政策涉及政府或由税务系统来提高公共收入的各种措施，文化政策需要政府进行资源调配才能有效实施，因此财政政策是文化政策最重要的内容。通常政府财政政策的实施方式分为几种。

首先，可以直接向公众提供文化商品，政府通过修建公共文化设施，对各种公共文化设施为公众提供文化服务，如对博物馆、艺术馆、公共画廊、图书馆、剧院等提供补贴和经费支持。

其次，可以为文化产品生产者提供补贴、捐助和奖励。为纠正市场失灵，政府通常对文化产业某些特定行业、部门或生产者进行财政补贴，以提高文化产品和服务的产出数量和质量，增进公共福利。其中，对艺术补贴的分配有不同的机制，可分为直接补贴和间接补贴，而不同国家施行的补贴方式往往跟其政治文化传统和国情有关。

再次，税收调节。政府可以通过调节文化产业税收的税率、减免税、退税等方式进行特定目标调控，以增强文化产业竞争力。如对艺术家个人所得税，艺术机构或非营利机构的企业所得税等进行免征，对文化生产企业的物业税、工资税、增值税、营业税、出口税及其他税进行部分或者全部豁免。对于艺术基金、文化基金和来自其他方面的捐赠予以抵扣所得税等。

最后是消费者援助。文化产品从生产、流通到消费，最终需要通过对消费者提供免费和打折的入场券或补贴，可以活跃繁荣地区文化，使得那些有消费意愿但缺乏消费能力的人群获得实惠。同时，政府还可以通过提供消费信息、完善消费市场服务等间接方式，提高消费者参与文化消费的意愿和参与意识。

（二）监管政策

同其他产业类似，文化产业的理性发展也需要监管，尤其是在产业初期，文化行业需要政府一些发挥重要作用的独特监管手段予以保护。

知识产权保护。文化产业最重要的产品就是无形的创意和智慧产品，这部分知识产权最容易遭到侵犯。因此，对创造性的工作成果提供知识产权保护非常重要。版权可以确保公众获得创造性艺术产品，同时，还能使创作者的努力获得相应的回报。知识产权法的延伸在不同国家略有差异，但存在一些基本的惯例。当代，通过互联网，跨国信息传播的广度和深度极大发展，国际知识产权保护日益高标准化。世界知识产权保护组织的建立推动了国际知识产权保护，

1995 年生效的 TRIPS 协定，即《与贸易有关的知识产权协定》，标志着国际知识产权制度的变革与发展，进入了空前活跃的阶段。世界上许多国家正在酝酿、制定，或已实施以专利战略为主的知识产权战略。

文化权利保障。广义的文化权利是人享受文化成果，参与文化活动，开展文化创造等方面的权利，也包括各种类型的版权，如未经艺术家授权不能对作品进行修改、删减、拆分等权利。此外，还包括艺术的自由表达以及艺术审查制度等问题。文化权利也是基本人权的一部分。因此，它既有个人属性，也有集体属性。

媒体监管政策。媒体监管是政府管理广播电视媒介和印刷媒介的重要手段。为了防止大型媒体的垄断和有害信息的传播，大部分国家都对媒体和特定类型节目实行最低限制的要求。通过审批和内容审查制度进行监管，一些政府对国内制作的节目传输制定了配额，或以配额制度来限制国外文化产品的过度进口。

（三）产业政策

产业政策包括产业组织政策、产业结构政策、产业技术政策和产业布局政策，以及其他对产业发展有重大影响的政策和法规等。各类产业政策之间相互联系、相互交叉，形成一个有机的政策体系。产业政策的功能主要是弥补市场缺陷，有效配置资源；保护民族幼小产业的成长；熨平经济周期性震荡；发挥后发优势，增强产业适应能力等。因此，国家合理地利用产业政策对于本国文化产业在激烈的国际竞争中获得保护和发展具有重要意义；在区域级别范围内，积极的文化产业政策可以有效吸引企业迁移和投资，促进区域经济增长，并产生积极的外生因素，通过文化扩散和投资的互补性扩展至其他领域。

文化产业政策主要包括：

文化商业企业的培育。由于大多数国家的文化产业以中小企业占主导，通常通过一些小型项目就能提供最有效的产业援助。这些援助措施可以包括建立商业和项目的培养机制、提供资金援助、提供商业管理服务、培训企业和人员相关技能、提供市场信息协助企业营销等。

产业发展战略的制定。发展战略具有根本性的指导意义，政府将包含各类要素的产业发展计划放在一起，并将其确定为一个具体的国家战略，对文化产业发展有重要的意义。制定产业发展战略需要从文化产业发展的全局出发，分析构成产业发展全局的各个局部、因果之间的关系，找出影响并决定经济全局发展的局部或因素，而相应做出的筹划和决策。

创意集群的促进。文化产业集群，就是在文化产业的领域中，由众多独立又相关联的文化创意企业及相关支撑机构，依据专业化分工和协作关系建立起来的企业群体，在一定区域集聚而成。创意企业的集群是文化产业发展的规律性现象，在集群区域，产业协作企业网络和互惠等外生因素为相关企业提供收益。产业集群可以是自发产生的，也可以由产业政策而引发。通过在文化产业的特定领域内将劳动力汇聚在一起，使产业集群政策对文化产业的发展和就业产生非常重要的影响。

（四）劳动力市场政策

劳动力资源是文化产业最根本的资源，对文化产业的发展有着决定性影响。国家劳动力政策工具主要包括劳动保护、反歧视、最低工资、工会、岗位保护、工资形成、社会保障和劳动力供给干预等。积极的劳动力政策会促进劳动力市场增长，促进就业，促进个人就业能力（Employability）的发展。文化劳动力市场尤其需要政府积极干预，以形成良性循环。

文化产业的劳动保护需要针对那些特殊工作环境的从业者进行，制定适当的职业健康与安全保护措施，特别是对于舞蹈、杂技、戏剧、雕塑以及工作环境具有一定不安全因素的其他文化行业的从业者。

对于文化产业劳动力市场的干预。除了对艺术家个人提供资金和其他赞助外，政府还可以通过为文化从业者的最低工资立法，通过为文化从业者合理安排救济金、退休金等劳动保障措施，为从业者提供职业培训，制订技能开发计划，健全人才教育体系，确保文化产业劳动力供应，为产业可持续发展奠定基础。

（五）贸易政策

文化商品贸易是各国政府非常关注的领域。文化贸易政策可以定义为，政府综合处理与文化商品和服务进出口直接相关的国际贸易政策。目前，国际文化贸易发展并不平衡，文化贸易主要集中在少数发达国家之间进行。文化贸易自由化和多元化的发展是当代文化贸易的趋势和要求。通信技术特别是网络在世界范围的普及，在给各国文化产业的发展带来机遇的同时，更是带来了巨大挑战。文化产业不仅是各国经济发展中的"朝阳产业"，而且也将是国际贸易中竞争最激烈的领域之一。各国政府对文化贸易进行管制常采用的政策一般包括两方面。

促进出口。通过各种方式促进文化产品的国际销售，如奖励出口、出口退税、搭建出口贸易平台，以及为企业提供出口服务和出口市场信息等措施。此外，还可以采用国家形象海外推广等间接手段推动文化产品出口。

进口管制。干预文化产品进口的主要措施包括对进口商的资格管理、对进口文化产品施加关税、施行进口许可制度和配额制度等。基于文化商品的特殊性，文化产品的进口管制几乎是大多数国家通行的文化贸易政策。

（六）文化产业监测和评估

政府在文化战略或特定文化政策实施后，需要进行检测和评估，以衡量战略及政策的实施效果，帮助改进未来的政策。这也是产业政策的重要环节。

监测的主要变量取决于被执行的政策类型，主要包括：1.可观察的产出水平，如艺术品的销售数量、出席艺术活动的人数、到博物馆参观的人数等。

产出价值的衡量，如文化产业的总产值、增加值等。3.文化产品的进出口水平。4.各种经济指标的增长率。5.文化商品和服务的价格水平。6.文化创意工作者的收入水平。此外，还包括特定的调查，以收集特殊政策影响的数据。

（七）文化效益评估

文化产品的衡量除了经济方面，还需要有社会效益和综合效益等文化价值指标，而文化效益的衡量是很难以数据客观化的。文化产品的社会效益主要依靠主观评估。文化成果的影响力大小跟不同人、不同社会群体的偏好和接受度相关联。另外，与美学相关的评价也在主观评估范围内，借助接触产品的人群数量、美誉度等相对客观的指标对文化产品进行评估。

第三节　文化产业与经济变革

一、文化创意的生成

创意是一个比较开放的概念，可以说是创造意识或创新意识的简称，经常被认为是某类人所具有的天赋能力，来自大脑意识对现实刺激的综合反应。佛罗里达（Florida）认为创意（Creativity）是"对原有数据、感觉或者物质进行加工处理，生成新的且有用的东西的能力"。英国创意城市研究机构Comedia 的创始者查尔斯·兰德里（Charles Landry）认为，创意是指"针对一种工具，利用这种工具可以极尽可能地挖掘潜力、创造价值"。这两位研究者都强调了创意对新价值的产出和塑造。可以说，创意是一种通过创新思维意识，进一步挖掘和激活资源组合方式，进而提升资源价值的方法和行为。而创意人士则是以想法或行为改变一个领域，或者创立新领域的人。创意人士重视创新、个性、差异和价值。对于创意人士来说，创意的每一方面、每一种表现——科技的、文化的和经济的，都是相互紧密联系和不可分割的。这里强调的是创意行为的综合性和融合特性，创意是逻辑思维、形象思维、逆向思维、发散思维、系统思维、模糊思维和直觉、灵感等多种认知方式综合运用的结果。

尽管人们普遍的观念都倾向于强调创意与灵感的联系，但创意并不神秘，灵感并非创意必不可少的环节。创意可以是艺术和文化，也可以涵盖创新和智慧产业。查尔斯·兰德里在形容创意的基本特质时认为，创意有很多特质，它是对过去深刻经验的沿革，它颠覆广为接受的事物，挑战习俗，设法创造出新的体验，而不是提前吸收和认定已有的经验，因为经验总是存在于预定的模式或主题中，几乎没有给个人的想象力留下空间，而创意可以很宽松，模棱两可，具有不确定性和不可预知性，随时准备去适应。无论是佛罗里，达还是兰德里，都强调了创意的宽松多样性。但佛罗里达的创意理论强调了人的创造性在地区经济发展中的作用，并把创意提升于原材料、劳动力和资金流之上，成为驱动城市经济最主要的因素。他对创意的观点并非新的发现，许多城市经济理论家，如刘易斯·曼福德（Lewis Mumford）、简·雅各布斯（Jane Jacobs）和彼得·哈尔（Peter Hall）等都从不同角度指出创意和创造性是革新和城市发展的引擎。目前，主流的区域经济理论都强调城市吸引企业投资的重要性，因为企业的投资会创造就业机会，劳动力会跟着投资搬进来，地区才会繁荣发展起来。许多研究者认为，创造性是即兴的，不可制造或复制，但佛罗里达则强调创意人才的能动作用和聚集效益，即在"创意经济"时代，大企业和工厂逐渐撤离城区，迁徙到成本更低的地区，城市中的创意人才是新的创业力量，他们会主动创业，将自己的创意设想变为现实，从而带动就业和经济增长。城市需要致力于吸引和保留大量"创意阶层"，佛罗里达对创意阶层和阶层特点的归纳，指出了城市创意经济要保持活力，人才要素的重要性。

二、在特定的城市环境当中，城市创造力或创意能力还与几个概念有关联创意空间。

1. 创意发生最集中的地方就是创意空间，查尔斯·兰德里对创意环境作出描述，他认为创意环境是一个在硬性和软性基础设施方面拥有必要先决条件、能催生构思和发明的场所。它可以是一个建筑组团、城市的一部分、一整座城市，或者一个区域。它是这样的物质环境：为大量的企业家、知识分子、社会活动家、艺术家、管理者、政治掮客、学生提供一个思想开放的、世界性的环境，在那里，面对面的互动交流创造出新的构思、艺术品、产品、服务和机构，并因此带来经济效益。佛罗里达认为，相比于枯燥单调的办公室，创意阶层更倾向于在咖啡馆、书店、餐馆和休闲场所办公，因为创意阶层更看重新鲜惬意的城市体验。他们宁愿为这种生活支付高额代价，也不愿意搬到廉价而乏味的地区。因此，城市创意空间需要兴建咖啡馆和小型剧院、音乐厅等文化设施，这有助于生活在"半匿名"社区的创意阶层积累"社会资本"（Social Capital）。城市管理部门需要着力开发市内的自然景观和人文景观，以丰富城市的外在魅力；丰富城市内涵，如修筑休闲类的活动场所、自行车道和小型球类场馆，而非大型体育场馆，因为创意阶层更喜欢参与式的体育运动，而不是仅仅观看。对于艺术家而言，在昂贵的城市中心寻找一处合适的创意活动空间十分困难，于是城市中心地区工业废弃建筑、废旧工厂、旧工业区和仓库成为被再利用的理想场所。这些建筑物通常具有较长的时间，具有独特的风格、特质和形象。它们通常被当作工业遗产来对待，而对于文化产业来说，这些建筑物所具有的个性也是独一无二的，值得珍视的。他们不像整齐划一的办公楼或是预制装配的生产车间和仓库建筑那样缺乏特点，而且空间灵活，价格相对市中心的写字楼来说，更加便宜，能够负担。艺术家们将这些场所作为举办创新性文化活动、演出和展览的场地和实验空间。这些建筑物一旦具备条件就转型为文化活动场所，成为城市新的文化热点以吸引游客。随之而来的是寻求开发新产品的企业家、建筑师、开发商、书店、俱乐部、咖啡店和餐馆。这种创意空间也被视为是文化产业复兴经济的范例。

2. 创意集群。集群是经济活动的规律，自从哈佛大学的迈克尔·波特（Michael Porter）提出的集群理论后，便引发了人们对研究企业管理战略中关于企业地理位置的关注。波特认为，在一个特定区域的一个特别领域，集聚着一组相互关联的公司、供应商、关联产业和专业化的制度及协会，通过这种区域集聚形成有效的市场竞争，构建出专业化生产要素的优化集聚洼地，使企业共享区域公共设施、市场环境和外部经济，降低信息交流和物流成本，形成区域集聚效应、规模效应、外部效应和区域竞争力。

文化产业同样也存在集群现象。从城市角度，城市文化区是集群企业倾向于集中的区域。城市区域的大剧院、音乐厅、博物馆和图书馆等距离通常比较接近，就是为了利用这种集群效应将游客吸引到该文化区以增强客流的密度。同样道理，企业的供应方和服务方也喜欢聚集在他们的主要客户周围。当文化企业在追求规模经济时，可能会采取常规的集群模式，以获取产业集群过程中所产生的网络和集团效应。企业的聚集带来了创意人员的聚集，大量从事创意创新工作的人员聚集在特定区域，如大型电视台、广播电台、报社关联着为之服务的大量相关公司。互联网移动网产业、新媒体产业、文艺演出业、电影电视业、动漫游戏业、会议展览业，以及云计算、大数据、智慧城市等相关的产业需要大量创意从业人员。

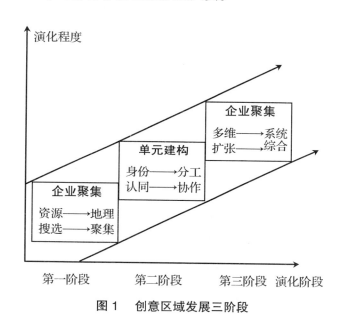

图 1 创意区域发展三阶段

创意阶层的聚集当然包含艺术家群体，这个群体常被称为"波西米亚族"（Bohemian），他们常常被视为推动艺术创意产业发展的原动力；还有设计家群体，包括建筑设计师、网络设计师、艺术设计师、工业设计师、时尚品设计师、奢侈品设计师等。新兴的从事与互联网相关的产业的人群，如各类软件的编辑者，游戏、动漫、网络视频、网络剧等新文化业态的从业者；还包括有旅游创意人群、体育产业从业人群等。这些群体的聚集构成并决定了城市和区域的创意产业生产力。

佛罗里达所秉承的是欧美自由主义思想，因此他认为区域创意中心并不是由于传统经济原因而发展起来的，比如有丰富的自然资源或者交通便利，也不是因为当地政府给予免税政策或采取了其他刺激经济的措施而发展起来的。它们的成功发展很大程度上是因为创意人士自发聚集并建立起来的。当创意中心或聚集区能够提供完整的经济体系或者经济栖息地时，在那里所有形式的创意，包括文化艺术、经济和科技，都能够生根发芽，蓬勃发展。实际上，尽管创意集群有的是自发聚集形成，而且早期的文化产业集群大都通过聚集在大型文化企业周围自发形成，但很多时候创意集群恰恰是政府通过政策干预而形成的，如政府在城市建立某类文化产业区，将创意公司集中在一起。这类政府主导建立的文化产业聚集在亚洲地区尤为明显，政府通过具有前瞻性的规划设置，将大量文化企业集中于某个区域，有利于发挥创意集群的聚集效应和集约效益，并且在实际上取得了成功。

3. 创意城市。创意城市实际上是一个城市规划学术语，并不是严格的学术概念，而是一种推动城市复兴和重生的发展模式。因为创意集群和创意空间都位于城市当中，创意城市的概念逐渐为公众所接受。一个城市成为创意城市跟其他城市的区别主要在于它能够提供良好的创意环境。在当代，创意城市是推动文化经济、知识经济发展的关键。打造创意城市，吸引文化创意人才与团体，通过创意产业的兴起赋予城市以新的生命力和竞争力，以创意方法解决城市发展的实质问题。当代城市集中了各种资源，成为创意最为集中的空间，但创意要在城市中实现并非必然，实际上大部分城市并没有将精力放在创意环境的打造上，而是将重点放在了城市基础设施建设上，形成了那些物质化的景观——体育场馆、高速公路、城市购物中心和类似主题公园之类的旅游娱乐区。其实，这些对创意阶层来说都是无关紧要的，不足以或者不能够吸引许多创意人士。创意人士并不是由于传统原因才移居到这些地方。他们在社区中追寻的是丰富多彩的、高品质的、令人愉悦的事物和体验，以及兼容并蓄的宽容态度，而最为重要的是能够证明他们是创意人士的机会。

一个城市创意能力的关键在于城市的创意基础、创意环境和文化因素。因此，任何城市都可以成为创意城市，或者在某一方面具有创意。任何城市要提升创意能力，当然需要加强文化基础设施，提高文化资本含量。文化资本包括有形文化资本，如城市建筑、开放空间、公共场所、艺术品收藏场所、自然环境等，实际上，更重要的还包括无形的文化资本，如地区历史传统、地方风俗、艺术家和其他非物质文化资源等。有形和无形的因素联系紧密，共同构成城市的文化资源，成为本地区居民和外来游客共享的文化基础设施。文化资本集中度高的城市会赋予城市独特的魅力，居住其间的艺术家能够从中获得大量的文化资源，并且这些文化资本的有机联系可以实现文化的凝聚、提升和创造。

根据之前的理论可以知道，创意产业易于集聚在开放度高、容忍度高、进入障碍低、文化多样化、非稳定性大、人口集中、公共服务完善的区域。首先，区域中文化越多元，对各类新事物、新信息、新想法的接纳程度越高，创意涌现的速度越快。其次，区域越开放，外来人才进的门槛越低，越能促进人才流动和竞争。最后，区域越包容，人们之间的关系越松散、自由、灵活、无拘无束，从而强化创意阶层的自我身份认同，使其超越种族、性别、年龄、性导向和阶级地位，发掘和激发创意力。因此，创意城市的打造需要城市规划者、管理者和建筑师，从城市的可持续发展角度不断增进城市文化资本，改造城市环境，提高城市可居住性和相关文化要素的聚集。城市之所以能够吸引人们居住是因其具有一定的环境特点。这些特点包括有形的物质条件，诸如健全的公共设施、充足的公共空间、便捷的城市交通、健全的卫生健康和教育服务、清洁的空气和用水、有效的市政服务……无形的条件，诸如地方特色、地方传统，成熟的社会网络、良好的社会治安、丰富多样的民间风俗等。上述指标会影响城市居民行为特点、积极的公民治理参与、积极的文化和娱乐活动、创造性的艺术生产和消费，以及体育活动等。这也是居民对城市可居住性的积极响应，也可以作为衡量一个城市可居住性的指标。

除了城市环境，要发展创意产业，城市必须具有良好的经济和技术基础，以支持创意产业的发展。创意产业需要大量资金支持，政府需为文化发展提供必要的基金。此外，还要有许多民间机构或者组织提供公益性基金以支持科技和文化的发展；有较发达的金融服务提供产业投资、创业投资、风险投资等服务。

具有适宜创意人才生存发展的优良生态，集聚优秀的创意人才和经营人才。优良的城市居住环境和活动空间，以及发达的经济技术基础，能吸引各类创意人才如设计师、摄影师和建筑师聚集。较低的居住成本、便捷的网络、在设计方面的公共交流平台，为创意人才提供自由发展空间和宽松包容的文化氛围。包容性对创意城市的意义在于能够吸引创意人才并能容忍其各种奇思妙想，使得多样化的文化存在和发展，而多样化的文化交流更有利于创新。

这样的文化氛围就可以吸引更多的创意人才和公司，产生更多的创新。

一定数量和水平的受众使创意活动得以顺利开展。任何产业的发展都需要一定规模的市场，对创意产业而言，其受众已不仅仅是消费者，消费者与生产者的互动不但引导着创新，甚至还会参与创意的生产。因此，具有一定数量和较高水平的受众也是促进创意城市成长和发展的重要力量。

英国经济学家弗朗哥·比安契尼（Franco Bianchini，1996）将创意城市成功的因素或评价标准进行了描述[①]。

（1）城市文化基础设施：外在硬件因素是释放创意潜能的基础条件，比如城市中的博物馆、展览馆、剧院、音乐厅，以及展现城市文化历史和形象的外在有型表现；与文化有关的、跨越地域的知名机构，如画廊、拍卖行和教育机构。

（2）历史积淀：一个城市的历史文化、城市遗产和城市居民，尤其是对推进文化创意发展有影响的及其声名与这个城市有紧密联系的建筑师、艺术家、音乐家和诗人。

（3）具有影响力的个体：这些人包括当地舆论领袖、利益相关者、政治领袖、文化人、新闻工作者、学术界人士，他们是城市文化发展的推动者。

（4）开放交流程度：城市中保有自由宽松的氛围，兼有世界性和开放讨论的文化环境，能够包容有针对性的文化方案或议题，以及争议性的社会对话和辩论。

（5）文化网络建设：一个城市的物质、社会和经济发展等先决条件，使文化联网成为可能，使相关领域的文化参与者能够通过这些网络进行协作互助。

（6）组织能力：公共及私人组织有足够的能力、人力和政治支持用以经营文化创意项目和活动，并且足够灵活和开放以顺应提升城市创意的新策略。

（7）认识到有危机或挑战需要面对：经验告诉我们，应对挑战或是地方危机，对创意行为有极大的激发作用，群体会通过创意来解决面临的问题。

（8）起催化作用的事件与组织：能够吸引文化团体、媒体和参观者到城市中来的文化活动，这些事件需要公共及私人机构的协作和调控。

---

① F·Bianchini，M·Parkinson. Cultural Policy and Urban Regeneration：The West European Experience[M].Paperback Edition Puberlished，1994.

（9）创意空间：提供创意展示的空间和场所，如文化区、博物馆区或其他决定城市文化创意形象的场所。

这些评价创意城市的标准制定于多年之前，远在创意热潮席卷欧洲城市，感染规划者和政策制定者之前。除了这些，在创意城市发展过程中又出现了新的"要素"，应当把这一部分成功的创意城市政策也纳入考虑之中。

（1）一个确立的文化形象：一个城市的文化形象、文化基础设施和文化活动是吸引创意阶层和媒体在全国乃至全球范围内宣传城市形象的主要因素。

（2）成熟的文化产业集群：创意产业需要网络和集群来激发灵感，设定基准，以便在竞争激烈的市场中生存。

（3）高等艺术与媒体教育机构：城市中艺术与媒体教育机构的质量和声誉是吸引人才、培养下一代创意艺术家和创意企业家的重要方面。

（4）范围广泛的各种创新高科技环境背景：为创意产品与服务提供新科技与技能。

（5）可负担的住宅与低生活成本：年轻的创意人士需要交通便利且有区位吸引力的可负担住宅和工作室。

（6）愉快的氛围：对于创意阶层来说，其身处的地方、使其有认同感的地方、可以找到世界性团体的地方、能够和他人一同享受高质量生活的地方，是至关重要的区位因素。所有这些令一个城市成为吸引创意人群需求的磁石，在这样的城市中他们能够获取工作的灵感，能够寻找工作机会并能够以此谋生，还能够介入创意网络。

此外，关于创意环境打造的代表性理论还有佛罗里达的"3T"因素说，以及兰德里（Landry）的七要素说。兰德里也从人这一基本要素出发，归纳出七种对创意激发最突出的要素。他认为，创意城市的基础是建筑在人员品质、意志与领导素质、人力的多样性与各种人才的发展机会、组织文化、地方认同、都市空间与设施、网络动力关系等要素上，通过这些要素，营造出所谓的创意环境（The ere-ative Milieu），让创意在最适宜的环境中成长繁盛。

第二章
文化消费市场的转变

第一节 文化消费市场的改变

21世纪以来文化消费的大众化趋势促进了文化产业的蓬勃发展。法兰克福学派将消费视为后现代社会的基本特征，大众消费的符号化，以及审美平面化和情感化是当代社会消费的基本特征，这种文化消费趋势随着全球化扩展到世界范围，并形成了一些新的特点。

一、全球化的文化消费新趋势

随着经济社会的发展，人们的需求层次逐渐提高，消费理念也从最初的注重产品本身价格、质量、品牌、式样的实用消费时代，过渡到看重性价比和消费感受的体验消费时代，消费结构从功能型转变为文化型。消费者对商品的关注点已经不简单是质量、价格或者品牌，而是在购买和消费过程中的文化消费及其带来的消费体验。年轻一代消费者不但注重产品提供的物质享受，更注重其中所带来的消费感觉，时尚、健康、绿色、环保、节能成为消费新时尚和新趋势，而文化创意成为人们挑选商品时越来越看重的方面，其能否带来文化及精神享受成为消费者购买过程看重的要素。

21世纪以来，随着信息科技的发展，交通、物流及信息全球流通的便利化，人们的消费特征出现全球范围内流行的一体化趋势与个性化消费的双重特征：一方面，世界范围内人们在消费行为上表现出消费兴趣相同，消费时间同步，消费趋向一致的特点。流行商品和时尚消费方式很快就能风靡世界，具有创新性的产品和新服务可以迅速在全球流行，被世界各国人们所接受。另一方面，人们的个性化消费要求越来越强，追求标新立异和与众不同，商品个性化和情感消费要求大大提高；消费的文化心理需求越来越强，商品的文化消费功能被人们所看重：人们不仅需要商品绿色、健康、环保，而且需要商品具有较强文化功能；越来越多的消费者在购买商品时寻找难以忘怀的体验，而不是单纯的功能性产品，体验消费、创造性消费逐渐成为消费主流。

马斯洛（Abraham H. Maslow）心理需求理论将人类需求从低到高按层次分为：生理需求、安全需求、社交需求、尊重需求和自我实现需求等。同样，在消费领域人们所追求的商品最高价值也不只是其所包含的实用价值、审美价值，最重要的是个体在消费过程中自我价值的满足和实现，这就需要消费者自身参与商品和服务的创造和生产过程本身。消费者在参与性消费的过程中，注重的是消费体验是否美好、非我莫属、不可复制、不可转让，并为这种体验付费。此时，生产者和消费者的身份将逐渐模糊，消费者也是创造者和生产者，他们将从商品的自我创造和消费过程中，获得个人价值的提升和实现。据此，企业应以文化服务为核心，以商品为载体，以消费者为中心，引导消费者参与文化生产创造，与其一同创造出体验美好、值得回忆的商品和服务。在这一过程中，商品是价值的载体，文化服务是价值的增值，文化体验是价值的展现。相比于一般的商品和服务，顾客的文化体验消费更注重内心感受，强调参与性。企业需要高度动态性地关注顾客的感受，并且将文化创意融入提供产品和服务的全过程，从各方面调动消费者的兴趣和参与欲望，随时将使用者的意见和建议体现在新产品研发及营销过程中，使消费者产生较强的参与感、认同感和成就感。这种新经济形态将是制造业、文化体验和服务业的有机联动和创新，消费和生产者的界限逐渐模糊，企业从中获得很好的利润，消费者也从与企业的互动、经验分享和文化、产品创新中获得自我价值的满足。

二、当代消费市场的文化转向

目前，全球消费市场处于规模扩大、结构升级的发展阶段。除了消费层次上升、领域扩大、观念多元化之外，我国消费市场还呈现出差异性、层次性和多样性的特点：富裕的阶层需要消费高层次奢侈品；中等收入消费者更加追求生活品质，更倾向于选择质量好、价格合理、品牌文化内涵丰富的产品和服务；影院、餐饮、水疗、体育和旅游都迎来旺盛需求。短缺时代的粗放型生产观念已经不适应当代消费现实，售价高、毫无新意的商品和陈设雷同商场已无法满足消费者的新需求。随着各类新媒体的普及和信息流、物流的顺畅化，"在线化"消费成为年轻人消费主流，网购消费持续增长，2017年已扩大至零售市场的15%份额。中国年轻消费者对国产品牌的接受度远远高于上一代，他们不同于上一代那样爱慕虚荣，迷信品牌，更加关注性价比，要求物美价廉、文化性和实用性兼具、个性化较强，这给现有品牌产品提出了较高的要求，也给新生品牌的发展带来了机遇。随着定制品牌的兴起，购买品牌产品已经不再像过去那么重要，年轻一代推崇个性化，商品应成为能够充分表达商品消费者个性和文化品位的标志，品牌需要个性化（从这个角度讲奢侈品牌即是一种个性化的定制），而品牌的个性化不仅需要大量的个性要素，还需要有文化创意，以及消费者的参与；这种趋势迫使奢侈品牌开始将文化体验和品牌结合起来。未来，超高端、中高端和中低端定制产品将会取代品牌，中低档的个性定制服务将大行其道，品牌将走向消亡。在此背景下，企业必须顺应未来消费趋势，丰富产品的多元价值，尤其是产品的美学、精神、历史、象征等文化价值，以满足消费者日益多元化的需求，实现可持续发展。

第二节　文化产业推进的供给侧结构性改革

一、调整供需的供给侧结构性改革

在一般经济理论中，"供给侧"与"需求侧"相对应。需求侧有投资、消费、出口"三驾马车","三驾马车"决定短期经济增长率。而供给侧有劳动力、土地、资本、创新四大要素,四大要素在充分配置条件下所实现的增长率即中长期潜在经济增长率。只有供给与需求等各要素平衡,社会经济才能平稳发展。近年来,中国经济增速逐年下滑,需求侧的投资和出口动能逐渐减弱,各种经济刺激收效越来越小,然而,中国经济表现出来的需求不足仅是表象,供需失衡、要素错配才是实质,突出表现为经济结构失衡现象。在当前生产领域,既有无效和低端生产过剩问题,也有有效和中高端生产不足问题;在消费领域,既有生产性消费过剩的问题,也有与民生相关的生活及文化消费不足的问题。因而,需要进行创意和创新,从供给端着手改革,改善供给的质量和结构,调整经济结构,使要素实现最优配置,提升经济增长的质量和数量。

从人类历史纵向来看,各类社会产业、产品和技术都有一定的生命周期,都会经历产生、成长、成熟和衰退阶段。社会经济波动就是由供给逐渐老化和人们的需求转移间的阶段性失衡及再平衡引起的,在这个过程中,无论是通过财政政策、货币政策刺激总需求,或是通过计划手段增加或抑制供给,都不可能从根本上解决技术和供给的周期性老化问题;计划经济色彩的调控手段(如不恰当的产业政策等)会破坏市场自我协调机制,而传统的凯恩斯主义方式人为扩大旧产业和旧经济的总需求,则会进一步加剧市场的失衡,企业接受的市场信号失灵,盲目扩大产能,最终会导致经济结构失衡,消费低迷,经济滞胀。当然,对于社会需求来说,任何生产过剩都是相对的,阶段性和局部的供需矛盾可以随着资源逐步向新产业领域配置而消解。在相对饱和的市场状态下,创新成为增长的驱动力和企业生存法宝,供给会创造自身的需求,新供给会创造新需求,在这一过程中,资本、资源、劳动开始向新供给集中,产能过剩将自然消除,整个经济不但恢复均衡,而且将开始新的增长。当然,新供给创造自身的需求是需要条件的,首先是新产生的供给须是具有创意性、创造性和创新性的,能够满足乃至引导人们的需求;其次,新供给若受到行政、税收等约束,或受到一些制度成本的抑制,就不能顺利进入扩张阶段,形成规模产业。真正有效的正确做法是,在鼓励企业不断创新的基础上,同时放松约束新供给形成的系列政策,大幅度降低企业生产成本，通过创新产品打破生产与销售僵局，通过成本价格传导机制快速消化过剩产品，最终通过要素转移更新供给和需求结构，恢复"供给与需求的自动平衡机制和最终均衡状态"。从这个角度说，供给侧结构性改革不是简单的政策调整，更是供给与需求的双方面变革，乃是一场深刻的体制改革。

二、文化创意对供给侧结构性改革的价值

随着经济的全球化，通信技术、数字技术的发展，文化创意及创新产品的全球流动，知识创造和革新成为新经济的驱动要素，文化创意从之前经济体系的边缘角色转变为新经济的核心元素。在现代经济体系中，创意和创新的重要性越来越突出。文化创意将新思想、新思维方式引入经济体系，并向其他产业扩散，引发革新，不仅能够大大"提升消费品品质"，促进制造业升级，刺激新供给的形成，还在企业"增品种、提品质、创品牌"过程中起到重要作用，这也是供给侧结构性改革的基本出发点。新需求和新供给的增长极就是当前消费者所关心的、所希望的并逐渐形成消费新趋势的文化产业、健康产业、环保产业、生物产业、信息产业以及其他社会服务业等，这些集中了人类高级思维劳动和创新活动的领域代表了未来发展方向。当前，应根据社会消费新趋势，对那些消费需求旺盛但供给不足的产业进一步放松限制，增加供不应求的健康、医疗、教育等产业供给；优化旅游、体育、文化等创新创意型产业供给；新兴消费服务业及个性化需求体验产业供给。文化产业作为具有极高活跃度的创新型业态，是其中极具增长潜力的产业，同时文化产业本身也反映了供给侧结构性改革的复杂性。虽然我国文化消费市场增长迅速，潜力巨大，但是因为受到制度等条件的制约，文化产业供给落后于市场需求，在资源使用效益、创新活力、企业竞争力等方面的不足，导致文化产品相对过剩一方面市场有大量低质量的内容乏人问津；另一方面优质文化内容却供应短缺，文化企业产品和服务无法全面满足以年轻人为中心迅速变化的消费趋势，文化产业迫切需要整合国内外资源，以提高文化品质，形成具有竞争力的文化风格。当前，优质"数字创意内容"和高创意含量的文化产品成为文化市场紧缺产品，亟须扩大和优化供给。

供给经济学倡导"把注意力集中在人的社会行为和创造能力上"的观点①，契合了当前我国产业转型升级的需求，文化创意可以通过更新思想市场激发市场新需求和潜力。文化创意与新科技、新技术相结合，可促进新业态的产生，文化创意与其他产业的融合，可促进新供给的形成：文化创意与第一产业农业结合为文化农业、休闲农业；文化创意与第二产业工业结合，包括工业实体产品结合促进实体产业转型升级，在设计、研发、制造等生产环节增加产品价值；文化创意与旅游、体育、金融、服务业等第三产业的深度融合，可在传统产业中促进新业态的产生，创造出富有魅力和竞争力的新产品和服务，提高生产性服务业专业化、生活性服务业精细化水平；通过文化在产品的创意开发阶段、生产阶段、营销阶段、消费阶段及后续服务阶段等各个环节的融合以达到要素的有机重组和创新目的。

三、文化创意及创新要素的增长

当前，在我国"新常态"经济条件下，只有供给侧提高生产效率和改革创新才是经济长期增长的持续动力。那种缺乏创意的粗放型产品已经难以获得市场青睐，企业应当将重点放在创新和提高产品性价比上，尽可能缩短开发周期，形成更多富有创意性、创新性的高质量产品供给，提高全产业链的竞争力。

对于一个地区和城市来说，要提升创意力，除了进行城市基础设施外，要着力打造崇尚创意、包容多元的创新环境。从社会整体宏观层面和企业微观层面都需要营造宽松的创意创新环境，无论是社会，还是企业，创新需要包容，允许试错；需要鼓励创新，维护多元文化共存，为激发文化创造力培育适宜的环境。在企业文化塑造方面，不仅要打造精心制造产品、认真改进产品、对产品精益求精的"工匠精神"，还需要形成敢于求新、富有创造性和差异化的"创客精神"。

当前，产业间的融合发展已经成为趋势，尤其是文化创意与其他产业

---

①【美】乔治·吉尔德：《财富与贫困》，储玉坤等译，张仲礼校，上海译文出版社，1985年版，第61页。

融合更是成为促进社会经济增长的重要动力。从一般意义上讲，产业融合（Industry Convergence）是指不同产业或同一产业不同行业相互渗透、相互交叉，最终融合为一体，逐步形成新产业的动态发展过程。产业融合可分为产业渗透、产业交叉和产业重组三类。当前，产业融合已经不仅仅是作为一种发展趋势来进行讨论，而是产业发展的现实选择。城市要充分考虑本地文化创意发展阶段与周边支持要素状况，制定针对性发展策略，加强文化创意和设计服务与装备制造业、消费品工业对接，促进文化创意与农业、制造业、体育业、金融业、服务业等深度融合，促进创意产业与互联网及数字技术领域的融合，实施"互联网 +"战略，使创新产业、创新业态借助现代技术快速扩散，形成规模，实现文化产业与相关产业相互促进、共同发展。

培养创意人才、加强创新管理是提升地区创意力的核心举措。文化创意与产业融合关键是人才，创造性人才需要在实践中培养。企业需要创设各类多元化的创新团队和创新平台，建立创意激励机制和创意控制机制，在市场竞争环境中培养出一大批创造性人才，鼓励个人和团队分享创意、共同创新，使优秀的创新创意产品能够迅速在市场竞争中脱颖而出。这一过程的关键是建立以企业为主体，以市场为导向，产、学、研相结合的互动创新体系。

政府应当好市场主体"守夜人"的角色，要让社会创意体系和创意市场充分自由地发展，着力于提供良好的法治环境和平等竞争的经营环境，维护市场公平，使不同类型与规模的创新创意企业在资源获取、资金筹措、劳动力招募、盈利空间与风险控制等方面，享有合法的权益和公平的机会。

实施严格的知识产权保护法，打破地方和区域保护主义，增强企业及民众对知识产权法的认知，加大对违法行为的惩处力度，保护原创者的权益。随着知识产权在国际经济竞争中的作用日益上升，越来越多的国家都已经制定和实施了知识产权战略。面对国际上知识产权保护日趋严格的发展趋势和中国在开放条件下面临严峻的知识产权形势，中国必须加紧制定和实施知识产权战略保护国家的技术安全，促进国内的自主创新能力和防止跨国公司的知识产权滥用。

第三章
世界主要国家文化产业发展途径和产业政策

国外文化产业发展模式各有不同，根据目前发达国家产业发展途径和产业政策主要可划分为三类模式：一类是以美国为代表的北美模式，属于市场驱动型；一类是以英法德等为代表的欧洲模式，属于资源驱动型；还有一类是以日韩为代表的东亚模式，属于政策驱动型。通过考察国际主要文化产业发达国家的发展模式，我们可以了解国际文化产业的现状和文化市场格局，同时更可以做到知己知彼，为中国发展文化产业提供一定的借鉴。

第一节　市场驱动型的美国文化产业

美国作为全球经济、科技和文化的中心，凭借其无可比拟的经济和科技领先优势，综合运用文化、技术、政策、外交等各类杠杆因素，发挥市场的主导作用，国内文化产业企业聚集发展，形成健全的文化产业链、成熟的文化市场和文化消费群体，创造了后工业时代一系列的文化经济奇迹，进而迅速确立起作为全球文化产业的主导龙头和核心地位。自20世纪90年代，美国的文化产业已经跃居成为国民经济一大支柱，无论是文化资源、资本的投入和实际产出，还是技术信息创新力，抑或人力资源的丰富，都在世界范围内处于领先地位。

一、美国文化产业特点

（一）规模大，市场化程度高

美国文化产业的规模和总量巨大，市场化程度高，常被称为文化巨无霸。1996年经济合作与发展组织发表的数据，美国的第三产业占到其GDP的70%左右，其中文化产业占美国GDP总量的20%，几乎相当于我国当时GDP的总和。目前，美国拥有1500多家日报、8000多家周报、1.22万种杂志、1965家电台和1440家电视台。美国文化创意产品超过农业、汽车及航天等传统产业，成为美国最大宗的出口产品。全世界56%的广播和有线电视收入、85%的收费电视收入、55%的电影票房收入都来自美国。据美国全国艺术基金会统计，2009年，美国文化产业总共创造2784亿美元的产值，其中，从1987年开始，不到20年间，文化产业重要类别如表演艺术、体育产业和博物馆等所创造的产值几乎翻了一番。无论是从规模还是竞争力来看，美国可谓世界首屈一指的产业强国。

美国的经济体系是通过充分竞争发育健全的市场经济体系，这也是美国文化产业市场化运作的基础。美国政府奉行市场不干涉政策，文化产业的生产和运营同样是自由市场经济的一部分，必须服从市场规律。美国宪法第一修正案规定，国会不得立法剥夺公民的言论自由和出版自由，这是美国文化产业生产独立于政府管制之外的宪法保障。美国的文化政策模式所秉承的是欧美自由主义政策传统，以强调文化产业的生产、销售的自由市场化和最小化干预为政策出发点和主旨。

美国政府将文化产业部门区分为营利性文化产业部门与非营利性文化组织机构，营利性文化产业如广播电视、报刊娱乐、游戏动漫等行业交给市场，政府不控制和参与其经营管理，对于非营利性的文化组织，如博物馆、艺术画廊、艺术院、国家公园及高雅艺术（古典戏剧、音乐、现代舞、民族艺术等）则通过税收和直接资助来加以扶持。

（二）科技含量高

科技创新是推动美国文化产业高速发展的主要动力，自20世纪80年代以来，美国的电子信息和通信技术、网络信息技术、数字多媒体技术等新型高科技的革新迭代速度日新月异，新技术的广泛使用迅速地改变着美国文化产业的面貌。近些年来，尤其是电脑多媒体数字技术和网络传播技术的飞速发展使得美国电影、电视、广播、出版等行业全面迈向了数字化时代。以美国好莱坞电影为代表的影视文化产业凭借高科技的视觉营造获得巨大成功，电脑特效和网络等高科技手段在影视制作与传播中的运用已经取代传统手段，成为确保全球票房的有力保障。此外，其他各类娱乐业，包括电子出版业等，也采用高科技传播手段增进用户体验。现代传媒技术、现代摄影技术、3D 动画技术等高科技的运用使得美国文化产业的生产方式和产业形态不断发生结构性的变化，涌现出包括社交媒体、网络出版、电子图书等在内的一些新兴产业，迅速带动了美国文化产业的升级。

（三）行业垄断程度高

从 20 世纪 80 年代开始，文化产业开始与信息技术融合，并驱动了不同产业部门的联合，企业兼并成为当时美国文化产业行业间的趋势。1984 年，里根政府通过法案放松对媒体所有权的管制，美国传媒业特别是报业随后便形成了一股兼并狂潮，形成新的大型媒体集团。1992 年又放松对垂直整合的限制。1996 年，克林顿政府规定有线电视无须申请特许就可以运营电话业务，又一次形成了规模空前的媒体兼并浪潮，超大规模的跨媒体文化产业集团得以形成。据统计，从 1986 年到 1990 年，美国有 400 家电视台在产权市场上被出售。1995 年迪斯尼公司以 190 亿美元兼并了美国广播公司（ABC）。1996 年，微软公司与全国广播公司（NBC）合作，开办了微软全国广播公司电视频道（MSNBC）。

1999 年，维亚康姆公司以 380 亿美元兼并了哥伦比亚广播公司（CBS）。2000 年，时代华纳公司和美国在线公司宣布合并，成立了美国在线时代华纳公司。这一系列发生在美国文化产业领域的著名并购案是美国文化产业结构的大调整。较有实力的文化企业通过横向兼并和重组，不断延伸产品生产和供应链，形成纵向一体化，实现了文化娱乐产业在影视、新闻、出版、娱乐、网络等领域的全媒体融合发展。经过多年的兼并和整合，目前，美国文化产业的主体行业，包括电视、广播、电影和出版等行业，都被少数大型文化产业集团所控制。其中最主要的有五家：美国在线时代华纳集团（AOL

Time Warner Inc Company）、沃特·迪士尼集团（Walt Disney）、维亚康姆集团（Viacom Inc）、新闻集团（News Group）和通用电气集团（GE）。以时代华纳（Time Warner Inc）为例，其旗下产业从电视（CNN）、出版（《时代》和《人物》等）、电影（华纳兄弟）到音乐、音像无所不包。2011年美国好莱坞六大影业公司发行的影片票房占北美总票房81.7%，2009年和2010年的数据分别为80.5%和82.6%。

（四）国际化程度高

在美国这个"超级大国"的国际地位和国际形象的影响下，美国文化产业在全球范围内强势输出。政治经济的不平衡必然带来文化交流的不平衡，文化的强势认同规则必然会有利于美国文化的对外输出。据统计，在全球最大的300家传媒企业中，144家是美国企业，80家是欧洲企业，49家是日本企业，美国及其他西方发达国家控制了全球300家媒体的90%。许多国家的电视节目中，美国节目占到60%~70%，许多第三世界国家的电视中美国节目高达60%~80%，而在美国文化市场上，外国节目仅占1%~2%，但美国每年向其他国家转播的电视节目达到30万小时。当前，世界大部分新闻节目都是由美国垄断。美国哥伦比亚广播公司（Columbia Broadcasting System）、美国有线电视新闻网（Cable News Network）、美国广播公司（American Broadcasting Corporation）等媒体所发布的信息量，是世界其他各国发布的总信息量的近百倍，是不结盟国家集团发布信息量的近千倍。从市场占有率看，尽管美国电影的总产量仅占世界电影产量的6%，但其在世界电影市场的总体占有率却达到惊人的80%。与传统的文化生产国际分工相对割裂，市场也由于文化产业性质而存在壁垒。为规避相关贸易壁垒，美国各大文化产业集团纷纷在世界范围内布局，进行文化产品的分工协作生产和流通。这样做，不但可以获取或者分担大量的制作资金，而且可以有效地减少文化贸易壁垒及文化产品的生产和销售成本，大大提高经济效益。如好莱坞电影《泰坦尼克号》的制作与销售就是由全球7个国家的30多家影视公司共同协作承担的，募集总投资将近2亿美元，通过强大的制作和营销最终获得了超过18亿美元的全球票房总收入。随着3D技术的应用，其3D版本又在2012年重新上映，并收获9亿美元的票房。从这个意义上来说，美国文化产业是经济全球化的一个巨大的受益者。

二、美国文化产业政策的主要特点

美国没有对文化产业进行统一管理的国家文化部，而是以各州的地方政府为核心管理协调单位，州政府为创意文化产业的发展提供协助，包括在遵循创意文化产业发展规律和文化产业行业特点的基础上，给予企业开放、优惠的扶植政策，鼓励企业建立多元化、多渠道投资机制和多种经营方式。美国政府不直接介入产业管理，通过设立联邦艺术暨人文委员会、国家艺术基金会、国家人文基金会等社会中介组织，使其代表政府行使一部分管理职能。美国政府的文化管理手段包括：

（一）以法律调控文化市场

法律是美国市场经济的基石，通过立法和司法，政府确保市场、文化企业间公平竞争、优胜劣汰。同时，通过法律手段确保企业在追求利益最大化的同时，不违背损害公共利益。尤其注重知识产权法的立法和司法。专门针对文化产业的行业性法律数目众多，相关立法非常全面，具有代表性的如1965年的《国家艺术及人文事业基金法》，在1976年推出《版权法》，在1998年推出《版权保护期延长法案》（Sonny Bono Copyright Term Extension Act）。同年，还颁布了《数字千年版权法》（Digital Millennium Copyright Act），2000年又颁布了《防止数字化侵权及强化版权赔偿法》（Digital Theft Deterrence and Copyright Damages Improvement Act）对网络媒体内容方面的侵权问题做出了系统立法规定，有效维护了软件、音乐作品生产商的利益。

除了规范市场秩序，还通过立法来有效维护公共利益。在网络领域加大立法，注重保护国家安全和国家利益。成立未成年人网上保护法委员会，加强对未成年人的保护。规范网络邮件，打击网络垃圾邮件，保护网络隐私权。除了联邦法律外，许多州也有自己的独立法规，限制某些出版活动。

（二）在税收方面，鼓励信息知识的创造和传播

美国政府立法规定对出版物不征收商品税。对非营利性的出版发行机构，不仅不进行征税，还给予一定的资助；对图书出口免征增值税和营业税。积极鼓励企业和个人对于文化艺术事业进行捐助，早在20世纪70年代，美国政府为促进艺术资助，推出税收501（c）（3）条款，该条款是给宗教、慈善、

教育等组织以免税待遇，分为两种：一是组织不需交所得税；二是捐赠者将钱捐赠给 C3 机构，捐赠的钱数将从个人所得税中减掉。企业也有减税待遇，如果捐赠给美国慈善机构，公司也可减税，这是鼓励个人和企业给 C3 组织捐赠。通过减免财产税和销售税等优惠政策为文化艺术发展提供大量资金。大批个人和集团的慈善机构和基金会建立起来，公司团体和个人也大量资助文化艺术项目。

（三）对公益性非营利文化产品采取资金资助政策

为纠正文化产业过度商业化，美国政府对一些公益性非营利文化产品采取资金资助政策。如公共广播公司，各种教育、文化类节目，各种纪录片，严肃音乐，儿童节目等以及国家公园、艺术表演团体。政府并不直接参与对文化机构的拨款，而是通过国家艺术基金会、国家人文基金会和国家博物馆图书馆学会等社会中介组织对文化事业实施赞助。其中，美国国家艺术人文基金会每年将 35% 的经费拨款给各州的艺术委员会，其余经费直接用以资助个人和艺术团体的创作和奖励，但联邦政府机构提供的资金支持是有限的，一般要求对任何项目的资助总额不超过所需经费的 50%，其他资金需要文化部门自己筹集。

（四）实行行业自律自我管理

建立大量行业组织、行业协会，如广告委员会、出版商协会、书商协会、全国图书委员会、美国大学出版联合会等。行业协会通常由业内企业代表、企业家和律师、会计师等专业人士组成，除为会员提供服务、组织各类培训、交流行业经验、维护成员合法权益、为国会立法和政策制定进行游说外，还负责制定行业和产品服务标准，实行自我约束管理。各行业协会特别注意促进产品流通和交易，为会员开拓国外市场，协调贸易争端。通过定期举办年会、交易会，促进业内产品和技术信息交流，为产品和服务交易搭建平台。如美国书展、纽约国际动漫展、迈阿密国际艺术博览会、美国电影交易会等均已成为业内产品交易的知名平台。

（五）推动国际知识产权保护

美国政府十分注重对外的文化输出和贸易，把保障美国文化安全，确保美国文化软实力的全球影响力放在了十分重要的地位。美国外交的重要目标之一就是为美国的跨国集团海外市场保驾护航。为推动强势产业的版权对外输出和国际文化贸易，美国政府积极推动知识产权的国际保护，推动国际支持产权法律一体化，弱化对知识产权的反垄断规制，以谋求利益最大化。目前，国际知识产权的主要法规《与贸易有关的知识产权协议》《世界知识产权组织版权条约》《世界知识产权组织表演和唱片条约》《专利合作条约》等，都是在以美国为主导的西方国家坚持下纳入国际法体系的。美国强化知识产权国际保护往往是从单边行为开始的，频频运用其《综合贸易法》中的"特别 301 条款"和《关税法》的"337 条款"，对其认为侵犯美国知识产权的国家和企业进行威胁和制裁。除此之外，美国还经常运用《1974年贸易法》中的"特别 301"条款与发展中国家和地区签订双边条约，要求这些国家和地区保护其知识产权，允许其知识产权进入这些国家和地区的市场。

随着科技日新月异的发展，国际文化产业的变革速度越来越快，美国国内的文化产业也面临国内国外资金和技术双重压力，文化产业界不断整合资源，密切产业上下游配合，以应对挑战。对我国文化产业而言，美国的发展经验在于高度完善的市场体系和法律保障，而不断涌现的创意人才和文化新技术的运用成为支撑美国文化产业竞争力的核心力量。我国发展文化产业也需要从根本上改革和理顺文化管理体制，加强知识产权保护的力度，重视创意人才对文化产业的重要作用，建立市场导向的产业发展模式。

第二节　资源驱动型的英国文化产业

一、创意产业概念的提出和产业发展

创意产业的概念最早是由英国提出的。今天，"创意产业"甚至已经成为英国政府的文化品牌。英国作为老牌工业国家，19 世纪其制造业居世界首位。

20世纪开始，特别是第二次世界大战以后，世界殖民体系解体，由于受到国内市场规模、人口数量，以及国际竞争影响，英国制造工业开始走下坡路。当时的英国政府缺乏完善的产业政策，科技成果的商业转化不充分，老

化的工业结构、迟滞的设备更新大大妨碍了生产效率的提升，经济不断衰落。20世纪80年代，由于英国政府当时的内外产业环境和产业政策不匹配，导致包括文化产业在内的众多产业发展陷入低谷，经济增长缓慢。英国工党通过大选再度执政之后，工党政府着手对驱动社会经济发展的要素，特别是对现代科技文化知识对经济的重塑力量进行评估。从1991年政府决定发展创意产业，1994年，布莱尔（Tony Blair）成为工党最年轻的领袖后提出了"新工党，新英国"的口号，随即揭开改变英国经济发展方向的"新英国运动"的序幕。1997年，工党击败保守党，44岁的布莱尔出任英国政府首相，为了优化调整社会经济结构，提高就业率，拉动低迷的英国经济，布莱尔政府转向知识经济的发展模式。政府认识到美国等国家通过发展知识经济，重视知识产权，鼓励文化投资取得巨大的成功，国际经验证明文化创意对社会经济发展的综合推动作用。布莱尔政府提出了关于经济、社会发展的"第三条道路"新理念，关注社会的公平性，由此在文化政策上更加平民化，扶持大众艺术，注重文化政策的平等性，将文化活动与人权结合，强调参与文化活动不应受性别、健康、地域、国家、种族等因素影响。把创意产业视为英国经济重新振兴的发力点，把创意产业作为协助英国经济走出困境的有效途径和方法。

布莱尔政府随后组建英国文化、媒体和体育部（DCMS），设立创意产业工作组（Creative Industries Task Force），通过政策积极推进创意产业发展。

1998年和2001年，英国文体部先后两次发表关于创意产业纲领文件（Creative Industries Mapping Document），提出了详细的创意产业发展规划和战略。1998年成立创意产业输出推广顾问团，调查政府政策对创意产业产品出口效益的影响情况，提出改善建议。英国贸易和工业部从20世纪90年代开始也对创意产业提供支持服务。英国已经发展出一系列系统化的方式和政策来发展其创意产业。这些政策措施包括：理顺政府管理机制，加强组织管理，对企业人才培养和产品开发提供资金支持，扶持中小文化企业，创设知识产权平台，保护知识产权，全面支持文化产品的研发、制作、经销、出口等，逐步建立创意产业财政扶持系统。2005年，文体部发布《创意经济方案》（The Creative Economy Program），为创意产业的发展提供了一个更好的政策框架。2006年，又公布《英国创意产业比较分析》（Comparative analysis of British creative industries），将创意产业分类为三个产业集群：生产性行业（Production）、服务性行业（Services）、艺术工艺行业（Arts and Crafts）。在创意产业范围的界定上，英国政府把就业人数或参与人数众多，产值或增长潜力大，原创性或创新性高三个原则作为标准，将十三项产业划入创意产业的范畴，包括出版（Publishing）、电视和广播（Television and Radio）、电影和录像（Film and Video、互动休闲软件（Interactive Leisure Software）、时尚设计（Designer Fashion）、软件和计算机服务（Software and Computer Services）、设计（Design）、音乐（Music）、广告（Advertising）、建筑（Architecture）、表演艺术（Performing arts）、艺术和古玩（Arts and Antiques）、工艺（Crafts）。

随着全球化进程的加快，文化信息在全球范围流通，新科技不断刷新文化生产方式，英国的创意产业政策取得了成功，经济结构转向以创意产业为主导的结构方向，英国创意产业成为仅次于金融服务业的支柱性产业。英国成为名列美国之后的世界第二大文化产业强国。随着产业集聚效应的显现，英国文化产业形成了三个核心区域，分别位于伦敦（London）、格拉斯哥（Glasgow）和曼彻斯特（Manchester）。

伦敦是英国和欧洲文化产业的中心之一，也是世界知名的创意之都。伦敦成为欧洲创意产业中心，不仅因为其产业公共政策的效应，更是与伦敦城市本身的深厚的历史积淀、丰富多样的文化资源、成熟的文化消费市场有密切的联系。数百年来，伦敦一直是全球的金融中心，同时也是英国乃至整个英语世界的文化中心。伦敦的基础设施完备，尤其是东区的霍克斯顿，先后有数百家创意企业在此聚集，并且吸引了欧洲和世界大量优秀的创意人才，也是国际知名的艺术家和设计师聚集的地区，该地区成为世界知名的创意产业园区。伦敦政府为增强产业竞争力先后采取一系列措施，鼓励中小企业市场竞争，并制定相关促进政策，对艺术家个人和机构给予大量的资金扶持。在国际市场开拓方面，伦敦政府利用国家力量进行协调，积极推动与欧盟成员国及其他国家创意产业的跨国合作，基于伦敦自身的优势和历史文化资源特点，扩大伦敦在全球的文化影响力，将伦敦不仅打造为英国文化创意中心，而且还打造成为世界的创意中心。

位于中苏格兰西部的格拉斯哥，人口 60 多万，是苏格兰最大的城市，英国第三大城市。20世纪90年代之后，格拉斯哥市产业结构逐渐调整，从之前的重工业基地向金融和文化产业中心转型。格拉斯哥地区的电子工业园区聚集了大量的软件企业，成为电子文化产品开发的重镇，其创意产业也具有软件和电子产品结合的优势。曼彻斯特也是英国的传统老工业区，曼彻斯特与特拉福德（Trafford）、坦姆赛德（Tameside）、索尔福德（Salford）、斯托克波特（Stockport）等城镇联合成曼彻斯特地区，该地区通过文化产业升级改造老工业，由此促进整个地区产业结构的升级。作为两次世界工业革命的发源地之一，从19世纪初开始，曼彻斯特市郊区形成了以纺织业为主导工业的城镇，此后逐渐发展为欧洲的工业重镇。进入20世纪之后，第二次世界大战给该地区带来了沉重的打击。20世纪60年代之后，随着经济的复苏和转向，曼彻斯特传统工业已经衰落。1989年，政府对城市发展进行规划定位，根据城市资源特点，发挥自身历史和文化艺术优势发展创意经济。一方面改变经济衰落的趋势，另一方面也使得城市文化优势得到发挥和利用。曼彻斯特的文化产业转型起步较早，已成为英格兰地区的创意产业中心，不仅拥有众多知名的高等教育机构，以及文化和媒体制作机构，还有包括独立电视台（ITV）在西北部的分支格兰纳达电视台（Granada TV）及衍生的众多独立媒体制作公司，英国BBC随后也将部分业务转移到了曼彻斯特地区。多元化的文化和大量媒体使曼彻斯特本地的创意氛围日渐浓厚，文化产业的崛起使该市成为英国文化产业重镇。

据2016年1月英国文体部（DCMS）公布的数据，2014年创意产业产值增加了841亿英镑，产值占当年国民经济增加值的5.2%。[①]1997—2014年间，创意产业经济增长平均每年达到6%，同时期英国整个经济的年增长率则为4.3%。其中的软件产业，时尚设计，广告产业、电子游戏产业和电子出版业增长最快，占比最高。2016年，英国创意产业年出口达到270亿英镑，占总出口额的4.3%。[②] 2014年，英国约有8.8%的工作岗位是由创意产业创造的，而在伦敦地区这一数字高达31.8%。截至2014年12月，直接在创意产业部门就业的人数为180万，比2013年增加了5.5%。其中伦敦地区有超过57.5万人

①) DCMS：《Creative Industries Economic Estimates》(2016.1)

② DCMS : 《Sectors Economic Estimates 2016: Trade》(2017.1)

从事创意产业相关工作，成为该市容纳工作岗位最多的行业之一。而创意产业每年为伦敦经济贡献的产值超过 210 亿英镑，仅次于金融业。过去十几年来，英国投资建造了许多设计新颖的表演艺术场馆与设施，在设计方面极具创意力，目前也开始此方面的技术输出。

二、注重资源开发的产业政策

英国创意产业的蓬勃发展与其悠久的历史文化和完善的文化基础设施建设有密切的联系，与其合乎实际有效的产业政策和良好的管理模式相关：英国采取中央政府纵向管理与地方政府及非政府部门横向管理相结合的模式。按照"大文化"的概念，英国政府对文化管理机构进行合并，扩大管理范围，调整管理职能。设立中央一级的管理机构文化媒体体育部（The Department for Digital，Culture，Media & Sport），负责制定相关文化政策和划拨文化经费，对全国文化、媒体、体育事业进行协调管理。居于中间层级的管理机构是地方政府及非政府公共文化执行机构，即各类艺术委员会，负责执行文化政策、对中央文化经费进行分配。处于基层的管理机构是地方艺术董事会，各种行业联合组织，如电影协会、旅游委员会、出版商协会、独立游戏开发商协会等。上述三级管理机构各自独立，互相间并无直属关系和行政领导关系，但是通过制定执行统一的文化政策，逐级分配文化经费，互相有机联系在一起。

英国政府尊重文化生产规律，着力于为文化生产营造良好的发展环境。政府秉承的理念：一是政府需要文化艺术比文化艺术需要政府更为迫切；二是文化行政部门应尊重各种艺术团体所自然形成的生态环境，应当容许艺术家在其特定的生态环境中自由创作与展演；三是作为艺术经纪人及文化行政官员，其自身必须爱好与尊重文化艺术。英国政府的文化管理理念源自英国民主政治体制和长期以来的政治文化传统，政府在产业管理上秉承保持距离、适当分权、专宽具备的基本原则，通过制定相关产业规划和法律，对创意产业加以引导。在管理具体实施过程中奉行"一臂之距原则"（Arm's Length Principle），在中央政府部门与其接受拨款资助的文化艺术团体和机构之间，设置一个层级作为中介的非政府公共机构（Guango），其职责是向政府提供相关政策咨询，负责文化拨款的分配和效果评估反馈，协助政府制定文化事业相关政策等。此类非政府组织一般由艺术和文化领域的中立专家组成，它虽然受政府委托，但是独立履行职能，从而尽可能保持文化发展政策的一贯性和连续性，避免受到政府过多的行政干预或者党派纷争对于拨款政策产生不良影响，保证文化经费客观公正地分配。因此，这种保持距离的文化资助与管理原则得到了大多数发达国家的广泛认同和效仿。

21世纪后英国文化产业加速发展，2005年11月，英国政府在发布的《创意经济计划》(The Creative Economy Programme) 中提出要把英国建设成为"世界创意中心"的口号，为此政府大力扶植创意产业发展，并且采取了一系列战略措施。

一是将创意产业视为提升经济发展水平，增强国家综合国力的重要方式以及增强国家凝聚力的重要手段。在发展文化产业上提出四方面的措施：强调文化艺术产品的大众属性，鼓励大众尤其是青少年参与各类文化活动，并为民众提供尽可能多的平等参与机会；积极扶持文化艺术类产业的发展，对那些具有较高创意性或创造性的优秀文化艺术门类提供帮助；强调文化艺术公共服务属性，并且促使文化艺术成为教育服务体系的组成部分；重视和发挥文化产业给社会带来的综合效益。

二是发挥英国悠久的历史文化资源优势，促进文化资源转变为文化资本。英国对所拥有的悠久历史文化资源十分重视，对历史文物的保护十分严格，丰富的历史文化资源经过创新和商业化运作，成为英国文化产业能够不断创新的保障，为英国文化创意强国地位打下了雄厚的基础。

三是促进多方式多渠道的文化投资。促进文化产业投资主体多样化，不仅有政府的拨款、准政府组织资助、基金会资助，还鼓励商业企业和公民个人捐助文化事业，对于捐助金实施免税政策。除此之外，还运用彩票来筹集文化基金。

四是积极开展国际合作与交流。国际文化领域的交流合作可以增进彼此之间了解，消除贸易壁垒，产生互补效果，有利于本国创意产业和国际文化贸易的发展。

三、产业政策的新方向

从近年来的政府政策方向来看，英国更加重视创意产业对经济的带动作用，尤其是数字化时代为创意产业提供的机遇和挑战，以及创意人才对创新发展的重要意义。主要方向有：

第一，超越创意文化产业，发展创意经济。2008年，英国国家科技艺术基金会（NESTA）发布了《超越创意产业：英国创意经济发展报告》（Beyond The Creative Industries: British Creative Economic Development Report）。报告的核心强调英国发展的创意经济不仅局限于文化产业，而扩展到整个经济体系，强调创意及创意产业对国民经济体系整体的促进作用。

第二，数字化发展战略。2009 年，文化媒体体育部（DCMS）与商业创新和技术部（BIS）共同发布的《数字英国》（Digital Britain）的纲领性文件，明确提出，要在全球化的"数字时代"，将英国打造成世界的"数字之都"，要积极改善基础设施，推广数字应用全民化，提供更好的数字安全保护，在清晰公平的法律框架的保护下，扩大数字内容的传播范围。

第三，注重创意人才培养，打造"创新国家"。为促进人才创意技能的培养，英国政府制订计划，未来几年为所有青少年提供创意教育的机会；向青年学生传授适应现代创意产业需求的工作技能；为年轻人提供在创意部门工作的机会；开辟新的创意技能培训基地。

第四，"后危机"时代中的"去政府化"。受 2008年国际金融危机的影响，一方面，英国政府被迫削减对创意产业的资金支持额度；另一方面，多家创意产业公共机构被合并或关闭。如果要继续获得生存，创意机构必须寻找新的资金来源。在这种背景下，英国创意文化产业开始各方寻求资金，加强投资多元化战略。

2016年的"脱欧公投"一度引发英国文化界对未来发展不确定性的担忧，尤其是"脱欧"可能会对英国的世界文化强国地位有所损害。为此，新首相特里莎·梅（Theresa Mary May）组阁后，英国文化媒体和体育部即开始积极推动新政策的制定。随后发布报告，强调英国政府将积极消除"脱欧"所造成的负面影响，加大对文化产业的扶持，全面推动各文化领域的繁荣与发展，巩固英国作为世界文化强国的地位。报告特别指出，大力发展创意产业将成为特里莎·梅政府的国家产业战略核心之一。

加强文化扶持。政府通过加强监管、扩大税收减免范围、鼓励公共投资等手段，推动文化创意行业的发展，将"脱欧"的负面效应减到最低。根据之前取得成效的电影税收优惠政策经验，政府将税收减免扩大到博物馆、美术馆、动漫、游戏、演艺，以及"卓越英国"全球形象宣传项目等相关领域。

深化文化普及。强化文化的全民性、平等性和多元性，推动文化的全民共享与和谐发展；加强文化公共服务，扩大文化服务的覆盖范围，加大对小城市和边远地区的文化服务力度，改善国家和地方博物馆、美术馆的服务；加强历史文化名城全球推广活动，以文化手段支持北方经济引擎计划，增强公众对"文化改变城市"的理解和认知，增强民众对文化重要性的认识程度；加强艺术教育，确保青少年儿童享有更多平等参与文化艺术的机会，特别要在教育中增加创意课程，培养创意产业人才。

促进科技与文化融合。更加重视科技对文化发展的推动作用和决定性影响，加强对数字经济与创意产业协同发展方面的支持，出台数字经济的相关法律法规，保护数字知识产权；加强宽带和移动网络基础设施建设，通过新科技手段向大众普及文化创意知识。

新政府的规划为英国未来文化发展指明了方向，进一步消除了英国文化界的忧虑，提振了信心，确立了英国"脱欧"后未来一段时间的文化产业发展方向。

英国产业发展过程凸显了文化产业政策和公共文化政策的协调，英国文化产业并不同于美国高度的市场化，它注重文化商业价值和其他价值的均衡性，这对文化生态的平衡和国家创意力的培育具有重要意义，作为创意产业的起源国，英国文化产业中的亮点是将丰富的文化资源同创意结合起来，使英国实现了由以制造业为主的"世界工厂"向以文化产业为主的"世界创意中心"成功转型。对我国文化产业而言，政府和企业需要重视社会创意力培育和转化作用，加快创意人才培养，破解创意人才匮乏与人才培养和市场需求脱节的问题。

第三节　政策驱动型的日本文化产业

日本是世界重要的文化产业强国之一，文化产业长期以来都是其支柱产业。据统计，2015年日本国内国民生产总值共计约4.21万亿美元，其中文化产业实现的总值大概为0.39万亿美元，占GDP比重约为10%。日本文化产业财团还在世界120多个国家和地区占有部分电视节目市场份额，掌控全球约8%以上的电视节目的主导权。截至2015年年底，日本电影在全球票房排名处于前列，占世界票房收入的6%；日本电影上映的国家和地区遍布全球，超过150个。目前，全日本的唱片发行公司超过800家，行业产值达到136亿美元，唱片产品占全球市场的2%以上。同时，随着国内外市场竞争日渐激烈，日本文化产业发展呈现出一些新特点，如产业集聚程度不断增加，文化企业实施多元化竞争策略，产业间并购案频繁发生等。文化产业促进其国内经济结构进一步转变，有效拉动了经济增长，提高了日本的文化软实力，为文化对外输出提供了关键平台和渠道。

一、日本文化产业发展模式

日本发展文化产业采取的是全社会共同参与的模式，形成了政府高度重视文化产业，中央政府大力推动，地方政府和民间共同投入的机制。

（一）中央政府政策层面推进

20世纪90年代，日本结合世界经济局势和发展趋势，对其经济发展战略进行调整，由之前强调的"经济立国"转向"文化立国"战略。1995年7月，日本的"文化政策促进会议"提交了《新的文化立国目标——当前振兴文化的重点和对策》的报告，其中提出了实施"文化立国"的战略构想。1996年，为适应新形势又颁布了《21世纪文化立国方案》，继续扩大国际文化交流和文化传播，标志着日本"文化立国"战略的正式实施。2001年，日本开始着手制定知识产权战略，目标是成为世界第一知识产权国。2002年制定了《知识产权战略大纲》，旨在复苏日本经济及社会，描绘出一幅通过进一步推动日本财富之源的知识产权创造，以及对知识产权适当地予以保护和利用、创造日本经济社会活力的具体改革蓝图，指明了走向"知识产权立国"的途径，并且表明政府要开拓日本光明未来的决心。2003 年日本政府又制定了观光立国战略，计划利用日本独特自然和丰富的文化资源吸引外国游客，争取在 10 年间赴日外国游客人数翻一番，超过 1000 万人次。此外，内阁政府还成立了首相领导的"知识产权战略本部"，制订了《有关知识产权创造、保护及其利用的推进计划》（日本知识产权界称之为"知识产权战略推进计划"），将电影、音乐、名牌产品、工艺等文化产业列为国民经济的基础产业。2004 年 5 月，日本政府出台了"文化产业振兴政策"。2007 年 5 月，日本政府提出了借助亚洲发展力量推进日本发展，实施基于日本文化战略的产业政策，其中附件二《日本文化产业战略》成为日本文化产业又一核心纲领性文件。该文件对文化产业在培育新经济增长点，增强经济增长动力，提高日本的对外影响力和国家软实力方面的重要性做出了充分的评估，将文化产业发展置于国家未来发展战略的高度，重点要确保动画及音乐等具有竞争力的"日本品牌"，展示日本文化魅力，增加日本文化产业的国际传播力度，最终获取经济利益。2009 年 4 月，时任日本首相宣布了一项由三大领域十大计划构成的"未来开拓战略"，其中提出文化产业发展的目标，包括在 2020 年实现文化产业出口规模在现有基础上增长 10 倍，国内旅游市场经济规模增长 1 倍，外国入境游客达到 2000 万人次等。这一系列规划举措为日本文化产业的深度发展奠定了良好的战略基础。2013 年 2 月，日本开始正式推进旨在向海外推介日本特色食品、音乐动漫及地方特色产品的"酷日本战略"。日本政府把该战略定位为经济增长的原动力，新设相关阁僚并增加了预算。"酷日本"战略的目标非常明确，要通过动漫、电视剧、音乐等文化产品，以及以"衣食住"为代表的日本文化和生活方式的海外输出，展示日本的魅力，最为重要的是要将这种日本魅力转化为日本商品的附加值，以此与新兴国家竞争全球市场，由此重振日本经济。"酷日本"的战略主要分为三个阶段：第一阶段是向世界展示日本文化魅力，包括动漫、时尚、饮食文化等内容；第二阶段是引导本国企业在海外开发动漫、时尚等文化产业关联商品而获利；第三阶段则是增强日本吸引力，争取更多的海外游客来日本观光消费。目前，所谓"酷日本"计划已经从游戏、漫画、动漫等文化产品，以及时尚产品、美食、设计等扩展至机器人、环保技术等高科技产品领域。

（二）政府行政指导

在"文化立国"战略指导下，日本政府建立行政指导体系。通过政府行为引导，而不直接依靠法律手段，以建议、指示或命令等方式对文化产业部门进行行政干预，以此监管文化产业相关部门的整体有效运行。日本文化厅是主管文化事业的主要政府部门，该厅成立于1968年，是直属日本文部科学省的副部级单位。它由原日本文化遗产保护委员会和文部省文化局合并而成，主管文化艺术、文化遗产保护、国民娱乐、国语教育、著作权、宗教和影视等方面的工作。

文化厅由长官、次长、长官官房（办公室）、文化部、文化遗产部、日本艺术院、审议会和下属12个独立行政法人组成。长官官房由审议官（司局级）负责，下设政策课（相当于"处"，下同）、会计室、文化宣传地方合作室、著作权课、著作物流通推进室、国际课和国际文化交流室等部门。文化部由部长（司局级）负责，下设文化艺术课、文化艺术支援推进室、文化活动振兴室、国语课、宗教事务课和宗教法人室等部门。文化遗产部由部长负责，文化遗产监察官协助，下设传统文化课、文化遗产保护调整室、文化遗产国际合作室、美术学艺课、美术馆·历史博物馆室、古坟壁画室、纪念物课和世界文化遗产室等部门。

为避免政府部门对文化艺术活动"内容"方面的过多干预，日本政府制定了"内容不干预原则"，在内容生产方面，文化厅会委托相关领域的专家学者组成独立评审机构，由第三方机构对政府支持的文化艺术项目做出分析和评判，供政府部门参考。日本政府通过文化政策的制定和实施来维护政府、企业、民众之间良好的信任关系，推动在同一战略目标前提下各方面的积极交流与合作，而不是主要依靠法律框架来予以刚性约束。在产业政策的具体实施过程中，日本政府注重政策的可操作性，制定"路线图"来促进中央和地方协同推进，同时，相关部门需要掌握政策实施过程的具体实践情况，对各项措施各阶段及结束时的目标达成情况进行评估，并将结果及时反馈到政策制定部门以修正政策。

为促进文化产业发展，日本政府不仅靠政策方面的引导，而且还制定了健全的法律、法规进行管理。其中，最具基础性的法律是在1970年颁布的《著作权法》。后经过 20 余次的修订，2001年正式更名为《著作权管理法》并开始实施。近年来，根据日本文化产业发展的形势，政府又制定了多部新法律，如《IT 基本法》《文化艺术振兴基本法》《知识产权基本法》等。日本强调在实施文化产业相关法律过程中，结合上述颁布的法律来配套执行，综合发挥对文化产业的保护、促进和管理作用。

日本政府文化产业的政策出发点，旨在促进创业和投资。政府确保文化艺术方面投入逐渐增长，并保持一个较高的水平。通过采取财政补贴、综合援助、财政投资、财政基金、政府财政采购等政策工具，向电影、动漫、时尚、音乐等重点行业和艺术门类给予扶持和优惠。在财政补贴政策上规定，对于文化产业专业人才培养、艺术创作及发行等机构重点支持，对于数字文化产业和外向型企业，中央和地方政府都给予不同比例的财政补贴；在综合援助政策上，侧重于对地方特色的文化保护和振兴活动，政府支援地区文化活动，尤其是重新发掘、振兴地方文化遗产、民间艺术、地方传统工艺和地方祭祀活动等，对具有地方特色的文化艺术品提供综合援助；中央和地方政府统筹运用财政、税收、政策性投资银行的融资、债务担保和信用担保等方式给予综合援助；在财政投资政策上，规定对于文化产业设施的新建、改建和扩建享有与公益性文化基础设施和文化项目同等待遇，政府财政可以直接进行投资；在政府采购政策方面，重点向中小微文化企业和具有地域特色的文化产品倾斜，对于具有地域特色的民间文化产品和文化服务，政府可直接出资购买并免费提供给边远地区的居民，这一政策既可以扶持中小文化企业的发展，又可以促进民族文化的保护和传承。

日本政府对文化产业直接的财政投入额度不断提高。在税收方面，政府制定多种文化产业投融资的税收减免政策，加强对文化产业的资金扶持，无论是作为政府投资，还是国民投资，都平等地享有税收优惠政策。政府规定对于文化产业进行投资的企业，尤其是对于文化事业给予赞助和捐款的企业，可以享受相应比例的税收减免优惠，一些特殊情况下可以享受企业及个人所得税方面的抵免政策。为建立多元化的融资渠道，政府修订了《信托业法》，允许以电影、动漫、音乐等文化产品的知识产权持有人，通过知识产权证券化等手段和途径进行融资。文化企业将产品的销售权作为信托财产进行信托，由信托银行作为受托人，将信托财产进一步划小单位以后，再转让给投资者，投资者可以从文化产品的销售中获得相应的受益权。这样一来，拥有知识产权的企业可以将资产提前资金化。积极引导企业科研机构建立"产学研"的联合运行体制，依靠统一的规划与政策指导，加速创新和科研成果转换，不仅能够节省文化产业研发成本，同时也大大提高了产品质量。

日本政府支持文化企业间的并购以形成规模效应，包括文化产业集团的横向合作。文化企业间的横向结合与纵向分工模式能够充分发挥产业集群效应，提高本国文化产业的国际竞争力。日本政府据此大力推动产业结构的调整升级，支持各大文化产业集团打破行业与地区界限，形成以传媒业、娱乐业、电信业、电脑业、出版业等复合式的跨行业的跨国文化产业集团，同时也促进产业在区域间集群发展，形成了东京、大阪、名古屋等文化产业聚集地区。

此外，日本政府政策的重点领域还包括人才培养方面。政府高度重视文化产业人才的培养和积累，支持文化产业人才教育体系建设。在日本《知识产权推进计划 2005》等政策文件中，有关文化产业人才的政策就占据重要的位置。日本的不少院校都相继开设文化产业专业学科，尤其是动漫专业。为了促进动漫产业发展，日本政府对动漫和艺术类学校进行额外的财政支持，并通过举办各级别的动漫展览和比赛来发现和积累专业人才。除了注重培养专业技术人才外，还进行文化产业管理人才的养成，保证文化产业人才的供应。据统计，到 2015 年底，全日本已经有超过 50 所大专院校开设了与文化产业发展相关的专业，在演出界、电影界、出版界、广告界、艺术领域等培养了一批成熟的知名企业人才队伍。

日本文化产业的政府推进方式，有效发挥了政府的主导性，避免了市场的失灵，协调了文化产业的公共属性。对于中国文化产业的改革发展而言，由于文化产业的特殊性，需要加强文化市场秩序的规范，不能放任文化市场，任由低劣的文化产品泛滥，同时也需要实施宽紧适度的文化政策，根据产业规律引导文化产业的发展方向。

从上述几个文化产业强国的产业发展历程和经验来看，文化产业的发展需要结合各国国情和文化资源禀赋及特征来进行。首要的是改革和理顺文化管理体制，建立以市场为导向，以人力资本为核心，以文化科技为支撑的产业核心体系。其次是政府的全力支持，建立配套完善的政策、法律、资金支持体系，促进文化与其他经济部门融合，从而建立起具有民族品格和国际竞争力的文化产业体系。

第二篇

★ ★ ★

韩国文化产业分析

★ ★ ★

第一章
政府驱动的韩国文化产业

韩国文化产业同样是在政府强力推进下逐渐发展起来的。韩国政府为了适应世界经济形势、发展文化产业，制定了包括《文化产业振兴法》等在内的完善的法律法规，设立文化产业振兴基金，建立了遍布全国的文化产业基地，完善文化产业的基础设施，大力进行人才体系建设。韩国发展文化产业主要是通过战略政策的制定、法律制度建设、国家及社会的一致认识、符合时代内容的创造性开发、专门人才的培养、搞活投资及流通体系、地区文化产业体系建设及外国市场的营销开拓来实现的。

第一节 韩国文化产业发展过程

一、文化产业管理机构的设立

韩国文化产业发展也是开始于20世纪90年代。1992年12月金泳三当选，成为韩国历史上第一位文人民选总统。1993年上台之后，他提出了所谓"新经济五年计划"，开始实施行政改革、产业结构调整和金融体制方面的改革，废止了1990年设立的文化部和体育青少年部，改设文化观光部，在文化观光部内设置文化产业局。新增设的文化产业局由文化产业企划课、出版振兴课、电影振兴课、影像音盘课、新闻杂志课、广播电视广告行政课组成，政府的文化政策开始向产业方向转变。文化观光部的成立将文化政策、文化产业政策和观光政策协调起来，形成具有协同效应的政策体系。同时也将文化与旅游等产业部门有效关联起来，从双方面促进政策不断健全，使整个行政架构具有较强的适用性。2008年文化观光部改为文化体育观光部（MCST），将国情宣传处所属机关——海外文化宣传院（KOCIS）及韩国政策放送院（KTV）移管至文化体育观光部。

1998年，韩国遭遇亚洲金融风暴的袭击，遭受严重的损失，国民经济结构的缺陷暴露出来，政府重新检讨之前的产业政策，在综合考量经济发展趋势和国家产业方向的基础上，将文化产业作为21世纪国家经济发展的战略支柱性产业，正式提出"文化立国"方针。2001年，韩国政府又成立了韩国文化产业振兴院（KOCCA）。2009年，韩国国会修订了《文化产业振兴基本法》，在基本法中明确规定了振兴院的设立，"政府为了有效扶持文化产业的振兴和发展，特设立韩国文化产业振兴院"。随后韩国政府将原韩国文化产业振兴院与广播影像产业振兴院（KBI）、游戏产业振兴院（KOGIA）、文化产业中心、软件产业振兴院（KIPA）、数字事业团（KIPA）共5家单位整合重组为目前的韩国文化产业振兴院，作为韩国政府设立的国家级别事业单位，隶属于韩国文化体育观光部，统领支持全国文化产业发展。同时，韩国的16个道、市也都相继建立地方文化产业振兴院，负责促进本地区文化产业发展，其中15个为政府设立的事业单位，江原道信息文化振兴院为政府支持、社会力量兴办。为有效促进韩国文化产业对外输出，文化产业振兴院在海外设立了十几处代表机构，开展海外文化业务。文化产业振兴院在韩国文化产业的政策指导、规划制定、经费划拨、海外推广等过程中发挥了重要的作用。

二、文化产业相关法律制度的完善 [①]

韩国政府先后修订了多项法律法规，包括：

（1）为建立文化产业发展的基础，强化其竞争力，制定的支持和振兴产业基本事项的《文化产业振兴基本法》。

---

① 　参见姜锡一、赵五星：《韩国文化产业》，北京，北京外语教学与研究出版社，2005年。

（2）与电影的制作、进口、等级分类、上映等有关的《电影振兴法》。

（3）制定了与音盘、录像制品和游戏盘的制作、供给、销售，提供视听、进口、等级分类等有关的《唱片、录像带及游戏制品法》。

（4）为影像文化的顺畅流通和影像产业的振兴，制定作为政策基础的《影像振兴基本法》。

（5）为保障报纸等定期刊物的功能并建立健全发展功能的基础，追求舆论多样化的《关于保障新闻等的自由和职能的法律》。

（6）支持培育出版印刷事业及出版印刷产业以及严格出版审查和健全流通秩序而制定的《出版及印刷振兴法》。

（7）为保障新闻通讯自由和独立、提升其公共责任、培育新闻通讯事业而制定的《新闻通信振兴有关的法律》。

（8）为维护新闻报道言论公正、提升报道的公共责任而制定的《媒体仲裁法》。

（9）为健全地域新闻的发展基础、保持舆论的多元化和各地区社会的均衡发展而制定的《地区报业发展支持特别法》。

（10）与广播电视公社设置和广播电视广告的销售事项有关的《广播电视广告公社法》，以及规定了无线广播电视、有线广播电视及韩国广播电视公社等有关事项的《广播电视法》。

（11）韩国政府对产业政策调整的另一方面是将过去不受关注的领域，如游戏产业、漫画、卡通形象、演艺产业等行业纳入文化产业政策领域。文化产业领域有所扩大，也保证了文化产业这一高风险行业能够顺利发展。

（12）到金大中总统时期，1999年韩国废除了《电影审查法》，完全删除了"保留电影上映等级"的条款，并废除了公演艺术振兴协议会，由媒体分级委员会负责电影上映等级的分类审核，从政策上给韩国电影的快速发展奠定了宽松的外部环境。

上述法律中最基本的法律应当是《著作权法》。《著作权法》（《知识产权法》）是文化产业的基础性法律，保护著作人的权利及相关的延伸权利，对促进文化发展起到根本性的保障作用。韩国较早的《著作权法》是1957年以法律的形式公布的。20世纪80年代，韩国《著作权法》进行了第一次修订，其宗旨在于促进国内法律与国际性条约的协调。1986年为加入《世界版权公约》而修订《著作权法》，对著作权人的保护时间延长至死后50年。1995年的修订反映了世界贸易组织协定的内容。1996年后，随着政府文化产业政策不断推进，作为文化产业核心领域的著作权政策需要适应文化产业的变化，面临修订。2000年以后《著作权法》再次修订，反映了电子计算机信息技术领域的变化。2000年的修订还反映了《世界知识产权组织著作权条约》的内容，增加在图书馆等场所使用的复印机在复印时，需要得到著作权人的许可条款。2003年的修订新增了世界知识产权组织"互联网条约"上的事项，对数据库制作者的保护和在线服务提供者的责任限制。2004年对音乐著作权、表演人和唱片制作者权利进行相关规定。2009年的修订，将计算机作品纳入其中，强化了对网络在线著作权的保护等。

设立著作权调停委员会。著作权调停委员会是依据《著作权法》在1987年设立的。该委员会进行著作权方面纠纷的调解、著作权的登记、各种赔偿金的标准审议和法定许可业务，同时也推动各种对著作权保护的调查研究，为提高国民对著作权的认知度做出贡献。

第二个重要法律就是《文化产业振兴基本法》。《文化产业振兴基本法》旨在对文化产业进行支持和培育，完善文化产业的发展基础，增强其竞争力，从而促进国家经济增长。《文化产业振兴基本法》第一版的主要内容包括文化产业定义、政府发展文化产业的基本计划、支持政策、设立文化产业基金、设立文化产业振兴委员会等。

（1）对文化产业进行了界定，基本法将文化产业划定为包括与电影、音乐磁带、光碟、游戏盘出版、印刷物、定期刊物、广播电视节目、卡通形象、动画、设计、传统工艺品及多媒体内容等有关的产业。

（2）关于政府制订的文化产业振兴计划和实施计划、路线等，文化观光部制作文化产业年度报告，提交国会。

（3）为促进与文化产业相关技术研究及文化商品的开发制作等，组建文化产业基地。

（4）为扩充产业所需资金，设置文化振兴基金，并规定了对文化产业领域的税制支持，其资金来源从政府的捐款和管理基金的预备金中拨款。

（5）设置文化产业振兴委员会，委员会由7个相关部处的长官组成。

（6）根据《文化产业振兴基本法》韩国政府又制定了实施行政令和实施规则（文化观光部令28号）。该规则由总则、创业、制作、流通、文化产业基础设施、韩国文化产业振兴委员会、文化产业振兴基金、补充细则、罚则等总共 7章43条组成。

随后该法经过几次修订，其中政府以2002年修订条款为依据设立"韩国文化产业振兴院"，将文化产业振兴基金的管理运作委托于文化产业振兴院；2003年的修订对文化产业基金会的机构、基金管理、运营规定等都有所规定，而且还增加了对资金的运营计划案的一些新规定。对基金的收入及开支，基金的财产取得、运作及处理，闲置资金运作，基金计划案和结算报告书等做了规定，保障对基金的有效管理和透明运作，将基金独立结账，并设立基金运作审议会，对基金的日常运作进行全过程监督。

三、财税政策

为支持文化产业，韩国政府投入大量资金予以扶持，并设立了多种专项基金来扶持文化产业发展，如文艺振兴基金、文化产业振兴基金、信息化促进基金、电影振兴基金、出版基金等。为解决资金短缺问题，推出多种筹资方式，多方面筹集资金，资金对文化产业的重要性在前面已经说明，此方面的政策，将在第三章里进一步论述。

第二节 韩国文化产业及产业政策变迁

韩国文化产业发展跟韩国政府的文化政策密切联系，根据历届政府推行的文化政策和文化产业的发展历程，可大致分为几个阶段。

第一阶段，1960—1986年，可称为前期管制阶段，以朴正熙政府为代表的军政府集中力量发展经济，并开始扶持韩国传统文化的发展，努力从文化传统中创新内容，以适应现代社会的新状况。1972年8月制定的《文化艺振兴法》是韩国近代以来真正的文化政策的起点。1973年，韩国政府发表了第一个比较系统的文化艺术综合规划——《文艺振兴五年计划》，并根据法规成立了韩国文化艺术振兴院。1974年又增设了文化振兴基金，韩国现代文化政策终显雏形。当然这一时期，韩国文化政策仍以文化管制为主，尤其对报纸等媒体的管制十分严格，并且从传统艺术部门扩大到其他多种艺术创作部门及国民文化生活领域，并且加强了对地方文化创作的管制程度。当时政府对文化产业的认识还只是停留在文化艺术创作和思想传播的层面。

　　第二阶段，全斗焕政府（1980—1988）时期和卢泰愚政府（1988—1993）时期，是韩国文化政策逐渐转向的时期，由管制走向"文化的民主化"。全斗焕政府提出"文化的发展与国家的发展同步化"重要的政策目标，同时又出台了"扶持文化媒介产业"的文化政策。在1983年提出的《第五个经济社会发展五年修订计划》和1985年制定的《文化发展长期政策构想（1986—2000）》中，明确规定了政府文化政策的性质，并将文化政策的对象从文艺创作者转向文化消费者，文化政策针对的领域也扩大到了体育、青少年、观光等方面。卢泰愚政府时期，又制定了《文化发展10年计划》（1990年），在计划当中，政府提出了"文化面向所有国民"的政策理念。为此，政府制订了文化平等政策和实施方案，力图实现"扩大国民文化享受范围""扩充文化媒体功能""提高文化创造力""增进国际文化交流"等政策目标。

　　第三阶段，1993—1998年的金泳三政府时期。韩国政府把增进国民文化福祉作为新的文化政策目标，并进一步明确提出了"韩国文化的世界化"及"文化的产业化及信息化"的口号。金泳三政府所制定的《文化畅达5年计划》中，文化产业成为重要的政策目标，强调了"文化产业的开发"。1993年，政府出台了"文化繁荣五年计划"，将文化产业开发作为文化政策的重要目标之一。1994年，政府在文化观光部设立了文化产业政策局，开始筹划文化产业的法律体系的构建，同时颁布各种文化政策综合计划。1994年5月，为整体推进文化产业而新设了"文化产业局"，其职能由原来的主要管理文化产业拓展至文化产业的协调、政策实施、监测、评估和其他方面。1996年，政府还颁布了《迈向21世纪的韩国文化蓝图与战略》，其中"文化的产业化及信息化"成为主要的政策理念，但当时韩国文化产业处于发展阶段，实力还比较单薄，更无力同西方发达国家的文化产业同台竞争，没有真正地迈出走向世界的步伐，所谓的"走向世界"只能停留在口号阶段。1998年亚洲金融危机后，韩国政府认识到文化产业在现代社会的重要性，以及在经济发展中的重要作用，随后把文化产业当成一项战略产业推进。

第四阶段，1998—2003年的"国民政府"时期，即金大中政府时期。文化政策转向市场和全面产业化。1998年，韩国经济遭受亚洲金融危机的重创，大量家族企业破产，GDP 大幅降低，失业率大增，韩国开始积极调整国内产业结构。金大中上任后，提出废除针对文学艺术的审查制度，政府出台了《国民政府的新文化政策》，首次提出了"文化立国"方针，根据新政策，韩国对文化的投入首次超过政府总预算的1%，文化投资开启了一个繁荣周期。政府通过振兴文化，力图把韩国建设成 21 世纪文化大国和知识经济强国。韩国政府随后推出了一系列立法和规划，如《文化产业促进法》《国民政府新文化政策》（1998年）、《文化产业振兴五年计划》（1999 年）、《文化产业蓝图 21》（2000年）、《影视产业振兴综合计划》（2000年）、《内容韩国蓝图 21》（2001年）等计划。2001年8月24日，韩国政府在文化产业支援中心的基础上设立了文化产业振兴院（KOCCA），以政府行政手段推动"文化立国"战略的实施，确立起文化产业政策投资和资助体系，并开始正式推进各类文化项目的实施。

第五阶段，2003—2008年的"参与政府"时期，即卢武铉政府时期。这一时期韩国政府所执行的政策基本上是之前金大中政府的文化政策，奉行比较积极的"援助但不干涉"的产业化原则，更加重视文化产业对社会经济的重大作用，提出 21 世纪韩国文化产业的核心内容应该是"创意韩国""新艺术产业"等，并制定了文化产业的十年发展目标，即要在2012年使韩国进入世界五大文化产业强国的行列。为此，卢武铉政府出台综合政策，保障文化艺术工作者创作不受干涉，缩短国民劳动时间，提高国民文化消费能力和机会，培育现代多元化文化和富有创造性的社会。卢武铉上台后将市场调节作为促进文化产业发展的政策基础，政府相继出台了两个重要文件《创意韩国构想》以及《新艺术政策构想》，此后又推出《文化强国（C—KOREA）2010》愿景，出台了《文化愿景中长期基本计划》等政策文件。在积极文化政策的刺激下，韩国文化产业开始蓬勃发展起来。

　　第六阶段，2008—2013年的"实用政府"时期，即李明博政府时期。受金融危机影响，韩国文化产业在2008年至2009年的增长速度有所放缓。李明博政府将文化产业视为绿色增长产业和经济增长的主要推动力，以"确保核心文化产业的竞争力"为文化政策的目标，并力图把韩国发展为"世界五大文化产业国家之一"。从2009年开始，政府加强对文化产业的支持力度，鼓励各方增加对文化产业的投资，并把开拓海外市场作为这一时期的重点任务之一，尤其是加强对东亚和东南亚市场开拓力度。2010年年初，韩国文化部公布的《韩国文化产业内容振兴政策》对先前政策进行规范，规定文化部复杂管理各部门制定的文化产业政策；设立共同支援文化产业的综合性委员会。文化产业振兴院采用国家预算或官方和民间共同投资的方式对文化产业加以扶持。2011年5月，李明博政府又发表了《内容产业振兴基本计划》，进一步提出了促进文化产业发展的五大核心战略：一是要健全国家化的内容培育体系；二是要提高国家创造力以实现青年充分就业；三是要积极扩大国际文化市场，提高文化产品的出口额；四是要打造相互依存的健全文化生态系统；五是要强化内容制作和文化技术等产业核心基础。在相关政策的有效推动下，韩国文化产业迅速繁荣，从李明博政府开始，韩国文化产业正式转变为出口产业。随着智能手机和平板电脑的出现，韩国电视剧和流行音乐等文化产品迅速在国际流行起来。2012年2月，韩国文化部根据国际文化市场形势发展制定了《文化出口扩大战略》，提出了韩国文化世界化的战略目标，打造K—Culture品牌，其目标是在创意产业的带动下，在2020年前突破贸易额2万亿美元大关。为实现这个目标，政府制定了有针对性的策略，重点培育具有国际竞争力的创意产品，如3D产品、CG产品和智能创意产品及新一代游戏产品等；战略性进军海外市场，制定有针对性的地区化营销战略，支援全球市场营销和流通体系，加强海外知识产权保护等；制定可持续增长的支持机制，加强支援开拓海外市场的组织机构建设，努力筹集资金消除资金不足的困难，培养全球贸易专业人才；积极扩大双边文化交流，提升韩国在国际上的文化认知度和知名度等。

　　现阶段，2014年至今，朴槿惠——文在寅政府时期。朴槿惠政府同样将文化繁荣视为国家、社会发展的基石，在上台之初就提出"经济复兴、国民幸福、文化昌盛"的治国纲领，把"开发以就业为中心的创造经济"视为头等国政目标，力图通过文化振兴促进社会经济繁荣。为达到目标，朴槿惠政府新修了《文化基本法》确立国家文化发展基本方针和原则，保障国民文化权利，并修订《文化艺术振兴法》《艺术人福利法》《表演法》《博物馆及美术馆振兴法》等。随后，成立了文化繁荣委员会、人文精神振兴协议会等机构，政府先后投入占总预算规模1.5%（约5.3万亿韩元）的资金实施文化工程，扶植相关文化产业发展，积极支援创新性产业，挖掘国家发展的新动力。此外，加强海外韩国文化宣传和输出，韩国文化体育观光部和未来创造科学部发表《韩国文化产业对外输出促进方案》，计划大力推动韩国文化产业在全球范围内的出口和传播，力争2020年将韩国文化产业出口额从2010年的全球第9位提高到第5位。在朴槿惠政府执政后期，各方面的因素导致其政策摇摆，文化产业政策执行也受到影响。随着朴政府的迅速倒台，国内文化产业受到一定程度的冲击。文在寅政府上台后，在文化产业政策上，一方面延续朴槿惠政府政策，另一方面在经济方面力图恢复受到冲击的文化对外输出，扩大就业。其政策效果尚待进一步发挥。

第二章
韩国文化产业现状分析

　　随着各项政策的实施以及文化科技的广泛应用，进入 21 世纪以来，韩国文化产业获得了爆发性成长。1999 年，韩国文化产业规模仅为 21 万亿韩元，2010 年增长为 73 万亿韩元，2013 年为 91 万亿韩元；文化产业的对外出口，2000 年只有 5 亿美元，2010 年则达到 32 亿美元，2012 年韩国文化产业的出口达到 42 亿美元，2014 年出口额为 53 亿美元。从 2008 年到 2014 年连续 6 年实现了 18.5% 的出口年均增长率。据韩国文化体育观光部统计，2013 年韩国文化产业的产值达到 855 亿美元，2014 年文化产业的销售额与前一年相比增加了 4.1%，达到 94.9 万亿韩元（834 亿美元）。此外，韩国文化产业还持续深度融入其他产业，成为促进国民经济协调发展的强劲动力。目前，韩国的文化产品，如戏剧电影、电视广播、音乐、舞蹈、游戏、化妆美容、动画、出版、电子书、广告、工艺品、个性商品等已经广泛地融入世界范围内人们的消费生活，成为韩国文化软实力的重要载体和体现。近年来，韩国流行文化产品还被称为"韩流"，不仅席卷亚洲，而且广及欧美南美中东等市场。

　　2015 年 5 月，韩国文化体育观光部和文化产业振兴院发布了 2014 内容产业发展报告，该报告对 2009—2013 年的产业发展状况和趋势进行分析。2016 年又发布了 2015 内容产业发展报告，以下部分图表中的产业数据来自上述报告。

第一节　韩国文化产业企业分析

一、文化产业企业构成分析

从韩国文化产业企业组成结构看，韩国文化企业中以出版、音乐、游戏行业的公司数量为最多，占比高达80%，也是其竞争力较强的传统文化产业。这些行业以中小规模的企业居多，企业以创意为核心资源，为知识密集、科技密集型行业；而广播电视、电影、演艺等行业往往需要企业有较大的资本投入，具有较强的抗风险能力，因而企业数量较少，规模较大，多为大中型企业。这种企业布局特点反映出韩国文化产业在市场条件下相对成熟的发展阶段。

从企业活跃程度看，自2009年至2013年，韩国文化产业企业数量从126383家减少到108562家，年均减少3.7%。其中，企业数量变化较大的是出版、漫画、游戏和电影行业，尤其是电影公司五年间企业数量持续减少，主要原因在于2006年韩国电影市场彻底放开后，其国内电影市场有了较大波动，中小电影制作公司受到市场冲击较大；而且随着中国游戏产业的发展以及游戏、动漫强国日本的挑战，韩国游戏企业数量也在缩减，而漫画从业企业也从10109家减少到8520家。企业数量的波动表明了韩国产业发展的未来趋势，传统文化产业受到的国内外竞争压力越来越大，将会保持持续缩减的态势；但同时也有更多文化行业的企业数量将会持续扩张，如广告、演艺、知识信息、内容服务行业的企业数量在近五年来都有较高速的增加。2014年广告业企业有5688家，占总数的5.4%，同比负增长9.8%，年均增长3.2%；演艺产业企业有2018家，占企业总数的1.9%，但年均增加6.1%；知识信息产业企业为8651家，年均有5.6%的增长；内容服务企业1586家，占比1.5%，同比增长9.2%，年均增长了5.9％（见表3）；这表明新的产业形态，知识与信息技术的融合在韩国逐渐形成趋势，处于较快的发展态势；韩国同时将文化科技锁定为文化产业新增长点大力扶持，2014年韩国文化体育观光部宣布，为了增强韩国文化产业的竞争力，将投资384亿韩元（人民币1.92亿元）启动文化技术研究开发项目。其中，241 亿韩元（约人民币 1.42 亿元）用于文化产业先导型技术开发，101 亿韩元（人民币 5931 万元）用于支持增进公共文化福祉的相关技术项目开发，42 亿韩元（人民币 2466 万元）用于支援文化产业作业现场所需技术研究。文化技术研究开发项目将侧重文化技术与产业化的结合及提升文化商品的附加价值，并将以音乐、电影等五大重点文化产业为中心，支援核心技术的研究开发工作。

受 2016 年中韩自由贸易协定（FTA）正式生效的影响，2017 年韩国的文化企业数量有所增加，尤其是广告、演艺和文化信息技术公司得到更多的收益。

表 3　韩国文化产业企业数（单位：个）

分类	2009 年	2010 年	2011 年	2012 年	2013 年	2014 年	比重（%）	上年增长率（%）	年均增长率（%）
出版	28,474	27,803	27,132	26,702	26,603	25,705	24.4	▽ 3.4	▽ 1.9
漫画	10,109	9,634	8,709	8,856	8,520	8,274	7.8	▽ 2.9	▽ 3.7
音乐	38,259	37,634	37,774	37,116	36,863	36,535	34.6	▽ 0.9	▽ 0.7
游戏	30,535	20,658	17,344	16,189	15,078	14,440	13.7	▽ 4.2	▽ 8.6
电影	4,109	3,727	3,424	2,630	1,427	1,285	1.2	▽ 10.0	▽ 23.4
动画	289	308	341	341	342	350	0.3	2.3	3.2
广播电视	841	926	1074	945	928	910	0.9	▽ 1.9	▽ 04
广告	4,532	5,011	5,625	5,804	6,309	5,688	5.4	▽ 9.8	3.2
角色演艺	1,542	1,593	1,711	1,992	1,994	2,018	1.9	1.2	6.1
知识信息	6,467	6,950	9,507	9,696	9,046	8,651	8.2	▽ 4.4	5.6
内容服务	1,226	1,261	1,301	1,316	1,452	1,586	1.5	9.2	5.9
合计	126,383	115,505	113,942	111,587	108,562	105,442	100	▽ 2.9	▽ 2.3

（数据来源：韩国内容产业白皮书 2015）

二、文化产业企业区域分布规律

从 2014 年文化产业企业的地区分布图表中可以看出韩国文化产业分布特

点：产业集中度较高，分布不均衡。全国各地区中，首尔（Seoul）市的文化
企业数量最多，为34339家，占比32.6%；其次是京畿道，19952家，占企业
总量的18.9%，第二大城市釜山的文化企业数量为6619家，占比仅为6.3%，
中部城市大邱市的文化企业为5603家，占比5.3%，9个地方道的企业数量则
更少，区域分布较为均衡；地方府道中以庆尚南道的企业最多，为4996家，
占比4.7%。（见表4）因此，韩国文化产业布局的突出特点就是地域分布的差
异性和不平衡，文化企业数量的一半以上都集中于首尔（Seoul）和首都圈地
区，这种聚集现象也是文化产业发展的必然，首都聚集的最优秀的人才、最
多的资源和最大的市场，这也符合文化产业的规模效应和集中垄断的趋势。
韩国的这种产业聚集特点给我国的产业布局和发展趋势引导提供了某些启示：
文化产业园区的建立需要根据产业规律提前谋划，在进行文化产业布局时不
能遍地开花，而需要符合产业规律，有计划、有重点地进行，地方省市发展
文化产业尤其需要考量企业所需的城市区域要素是否完善，要根据市场规律
来选择适合的行业和城市重点支持。

表4　2014韩国文化企业地区数量（单位：个）

分类	出版	漫画	动画	音乐	游戏	电影	广播	广告	角色演艺	知识信息	内容服务	合计	比重（%）
首尔	10,631	2,098	8,196	3,252	800	235	574	3,189	906	3,344	1,114	34,339	32.6
6个市													
釜山	1,441	649	2,372	981	55	15	38	478	107	437	46	6,619	6.3
大邱	1,230	400	2,255	644	26	1	25	557	65	356	44	5,603	5.3
仁川	815	399	2,475	692	29	3	16	46	65	328	25	4,893	4.6
光州	777	322	1,411	593	23	23	15	302	57	171	25	3,719	3.5
大田	804	306	1,397	449	13	3	15	215	33	215	36	3,486	3.3
蔚山	387	196	1,074	361	5	–	9	7	17	246	6	2,308	2.2
小计	5,454	2,272	10,984	3,720	151	45	118	1,605	344	1,753	182	26,628	25.3
9个道													
京畿道	4,488	1,674	7,675	3,005	220	53	70	318	453	1,752	244	19,952	18.9
江原道	497	229	986	578	12	2	23	76	40	200	7	2,650	2.5
忠清北道	548	236	1,182	453	12	1	15	102	47	198	6	2,800	2.7

忠清南道	596	233	1,325	591	13	5	11	95	49	218	7	3,143	3.0
全罗北道	718	311	935	562	24	2	15	58	38	178	11	2,852	2.7
全罗南道	563	242	1,038	524	11	1	31	94	36	181	3	2,724	2.6
庆尚北道	898	356	1,890	693	13	1	13	42	47	348	3	4,304	4.1
庆尚南道	1,064	508	2,016	854	21	3	27	51	47	401	4	4,996	4.7
济州道	248	115	308	208	8	2	12	58	11	78	5	1,053	1.0
小计	9,620	3,904	17,355	7,468	334	70	217	894	768	3,554	290	44,474	42.2
合计	25,705	8,274	36,535	14,440	1,285	350	909	5,688	2,018	8,651	1,586	105,441	100.0

（数据来源：韩国内容产业白皮书2015）

第二节　韩国文化产业销售分析

一、文化产业销售状况分析

从文化产业各行业销售状况来看，从 2010—2014年来，出版、广播电视、广告、游戏和知识信息的销售额占文化产业总产值的 75%，尤其是出版、广告、广播电视和游戏产业都属于其传统强项产业。

2014年出版业销售额为 20.6万亿韩元，占总销售额的 21.7%，年均负增长0.8%。自 2003年 2月施行《出版及印刷振兴法》，对出版、印刷企业进一步放松，从登记制转换为注册申告制，大量企业蓬勃发展，其出版业面临激烈的市场竞争，在市场竞争成长起来的企业的国际竞争力得到提高。但随着新媒体的出现和传统媒体的衰落，出版业也受到波及，未来的规模还会逐渐缩小。

2014年广播电视产业销售为 15.7万亿韩元，占总销售额的16.6%，年均增长 9.9%，是销售额最高的第二大产业。其次是广告、知识信息、游戏等行

业,销售额分列第三、第四、第五位。(见表5)

表 5 韩国近五年文化产业销售额(单位:百万元)

分类	2010 年	2011 年	2012 年	2013 年	2014 年	比重(%)	上年增长率(%)	年均增长率(%)
出版	21,243,798	21,244,581	21,097,287	20,799,789	20,586,789	21.7	▽ 1.0	▽ 0.8
漫画	741,947	751,691	758,525	797,649	854,837	0.9	7.2	3.6
音乐	2,959,143	3,817,460	3,994,925	4,277,164	4,606,882	4.9	7.7	11.7
游戏	7,431,118	8,804,740	9,752,538	9,719,683	9,970,621	10.5	2.6	7.6
电影	3,432,871	3,773,236	4,404,818	4,664,748	4,565,106	4.8	▽ 2.1	7.4
动画	514,399	528,551	521,005	520,510	560,248	0.6	7.6	2.2
广播电视	11,176,433	12,752,484	14,182,479	14,940,939	15,774,634	16.6	5.6	9.9
广告	10,323,172	12,172,681	12,483,803	13,356,360	13,737,020	14.5	2.9	9.0
角色演艺	5,896,897	7,209,583	7,517,639	8,306,812	9,052,700	9.5	9.0	11.3
知识信息	6,071,439	9,045,708	9,529,478	10,388,176	11,343,642	11.9	9.2	14.9
内容服务	2,359,853	2,867,171	3,029,140	3,437,787	3,894,748	4.1	13.3	13.3
合计	73,322,317	82,967,886	87,271,637	91,209,617	94,947,227	100.0	4.1	6.7

(数据来源:韩国内容产业白皮书 2015)

综观其文化产业整体状况,出版、广告等行业体量大,属于内生性产业,其稳定增长能够体现出韩国国内文化产业处于相对成熟阶段;在文化产业各行业中增长最快的是知识信息,内容服务行业等与信息、科技等融合度较高的产业,年均增长率超过12%,而音乐、演艺、游戏等韩国传统的强势产业增长率也达到10%以上,这就充分说明其文化产业近年来的发展质量较高,企业经营非常活跃,产业结构比较合理,整体上处于较快的增长阶段。

从韩国内容企业的规模看,中小企业占总数的90%以上,从2011—2013年文化产业企业规模的销售额看,中小企业销售占总销售额的50%左右,显示了中小企业的重要性。2013年,50人以上的大中型文化企业的总销售额为40万亿韩元,占比52.7%,比重最大;10人以下和10人以上49人以下的小型企业销售额相似，都为18万亿韩元以上，占比23.7%，但10人以下的小微企业增长最快，也最具有活力。（见表6）2014年注册企业增加了69家，2015年则增加了117家，中小企业的活跃也为韩国文化产业持续繁荣奠定了坚实的基础。中小企业可以为行业和大公司提供新思想和技术、人才等重要资源，大公司则可为中小企业提供资金和销售渠道。与中小企业相比，大公司抗风险能力更强，更有实力开拓国际市场，占领竞争制高点。两种规模的企业各有所长，共同构成比较完善的文化市场主体。

表6　韩国文化产业工作者规模及年度销售额情况（单位：百万元）

分类	1~9人	10~9人	50人以上	合计
2011年	15,825,730	17,422,586	37,862,725	71,111,041
2012年	16,266,269	18,058,062	39,748,847	74,073,178
2013年	18,285,699	18,199,276	40,689,793	77,174,768
上年增减率（%）	12.4	0.8	2.4	4.2
年均增减率（%）	7.5	2.2	3.7	4.2

（数据来源：韩国内容产业白皮书2014）

二、文化产品成本分析

2013年内容制作费用构成明细中，作品制作费用占的比重最大，约为7324亿韩元，占比76.1%，但随着新技术的使用，近三年文化产品制作成本却呈逐年下降趋势。而营销、专利许可、研发费用相应地逐年上升，其中营销宣传费用2013年为799亿韩元，占比8.3%，年均增长1.9%；特许权（专利）支出的费用622亿韩元，占比6.5%，年均增长3.4%，研发费用476亿元，年均增长4.0%。营销和研发是文化产业最关键的两个环节，也是投入最多的。（见表7）

2013年文化产业增值额为38万亿韩元，占GDP总额的2.66%。（见表8）其中，出版业的增加值最多，为8.76万亿韩元，同比下降0.1%，近五年年均增长0.1%。其次为广告产业，增加值为6.14万亿韩元，同比增长32.1%，年均增长15.6%。广播电视产业为5.29万亿韩元，同比增长3.3%，年均增长7.7%。游戏增值额为4.54万亿韩元，是增值第四大产业。2014年的增值额略有下降，为37.7万亿韩元，其中出版业增加值最大，比上年增加0.3%，广播电视和知识信息业分别比上年增加15.7%和9.6%，是增长最快的两个行业。（见表9）

表7　韩国文化产业年度内容制作相关费用（单位：百万韩元）

年度	企业数量	总费用	企业协会费用	制作费的构成				
				作品制作	特许权使用费支出	营销宣传	研发	其他
2011年	1,898	944,402	498	727,194	58,238	76,925	44,052	37,993
制作费各部分所占比重（%）				77.0	6.2	8.1	4.7	4.0
2012年	1,919	934,656	487	716,606	59,152	76,751	44,127	38,020
制作费各部分所占比重（%）				76.7	6.3	8.1	4.7	4.1
2013年	2,004	962,128	480	732,355	62,233	79,924	47,651	39,965
制作费各部分所占比重（%）				76.1	6.5	8.3	5.0	4.2
上半年增减率(%)	4.4	2.9	▽1.4	2.2	5.2	4.1	8.0	5.1
年均增减率（%）	2.8	0.9	▽1.8	0.4	3.4	1.9	4.0	2.6

（数据来源：韩国内容产业白皮书2014）

表8　韩国近五年文化产业增值额占GDP对比

分类	2009年	2010年	2011年	2012年	2013年
内容产业增值额（亿韩元）	27,6730	302,927	334,105	352,346	380,382
国内生产总值（亿韩元）	10,650,368	11,732,749	12,351,605	12,724,595	14,282,946
增值额占GDP比重(%)	2.60	2.58	2.70	2.77	2.66

（数据来源：韩国内容产业白皮书2014）

表 9 韩国近五年文化产业增值状况 （单位：百万韩元）

分类	2010 年	2011 年	2012 年	2013 年	2014 年	上年增减率（%）	年均增减率（%）
出版	9,009,976	8,946,093	8,770,142	8,760,871	8,790,456	0.3	▽ 0.6
漫画	297,632	307,558	313,877	322,569	336,854	4.4	3.1
音乐	1,142,896	1,597,663	1,663,764	1,704,877	1,764,650	3.5	11.5
游戏	3,768,320	4,184,893	4,568,089	4,545,896	4,711,118	3.6	5.7
电影	1,121,854	1,467,411	1,661,057	1,794,369	1,533,307	▽ 14.5	8.1
动画	217,101	223,109	219,999	219,232	221,750	1.1	0.5
广播电视	4,284,985	4,548,227	5,124,633	5,291,458	6,120,014	15.7	9.3
广告	3,932,096	3,988,988	4,652,713	6,146,969	4,143,085	▽ 32.6	1.3
角色演艺	2,475,517	3,065,286	3,143,877	3,477,231	3,794,457	9.1	11.3
知识信息	3,085,977	3,915,254	3,915,663	4,391,082	4,812,860	9.6	11.8
内容服务	956,345	1,165,985	1,200,751	1,383,709	1,476,530	6.7	11.5
合计	30,292,699	33,410,467	35,234,565	38,038,263	37,705,082	▽ 0.9	5.6

（数据来源：韩国内容产业白皮书 2015）

在 2013 年文化产业增加值的构成中，比重最大的是人工费，约为14.9 万亿韩元，占比 66.4%。利润约为 3.3万亿韩元，占比14.7%；折旧费16495亿韩元，占比 7.4%；租赁费约12508亿韩元，占比 5.6%，金融费用约8049 亿韩元，占比 3.6%；而税收约 5292亿韩元，占比 2.4%；从年度增值额的构成看，2011年至 2013年所有费用同比都有所增长。税收年均增长 2.8%，租赁费年均增长1.3%。（见表10）

表 10 韩国文化产业增值额构成情况（2013 年）（单位：百万韩元）

分类	利润	人工费	金融成本	折旧	租金	税收	合计
出版	1063,301	6,106,723	292,977	609,218	468,169	220,483	8,760,871
漫画	19,607	248,046	10,142	13,762	22,066	8,946	322,569
音乐	207,884	1,050,202	76,708	221,125	112,453	36,505	1,704,877
游戏	435,410	886,675	75,273	162,157	190,771	44,083	1,794,369
电影	27,021	154,903	6,527	21,470	5,102	4,209	219,232
广播电视	58,504	208,946	6,204	31,911	21,918	6,769	334,253
角色演艺	537,482	2,170,284	227,523	300,370	135,707	105,865	3,477,231
知识信息	796,774	3,034,228	38,559	193,527	249,933	78,061	4,391,082
内容服务	136,476	1,011,289	70,941	96,006	44,686	24,311	1,383,709
合计	3,282,459	14,871,296	804,855	1,649,546	1,250,805	529,232	22,388,193
比重（%）	14.7	66.4	3.6	7.4	5.6	2.4	100.0

（数据来源：韩国内容产业白皮书 2014）

三、文化产业出口分析

据韩国文化内容振兴院估算，2013 年世界文化产业市场营业额达到 2.337 万亿美元。北美市场份额最高，达到 35.2%；欧洲、中东和非洲共占 30.9%；亚太占 27.4%，中南美洲占 6.5%，增长率高达 5.1%，远高于国际货币基金组织公布的世界经济增长率的 2.3%。联合国贸易发展会议最新数据显示，2012 年，世界文化产品进出口总额达 9055 亿美元，是 2003 年的 1.9 倍，年均增长 7.4%。其中，文化产品出口和进口额分别达到 4738 亿美元和 4317 亿美元，分别是 2003 年的 21 倍和 1.8 倍，年均分别增长 8.7% 和 6.6%。[①] 韩国文化体育观

[①] 国家统计局科研所 . 世界主要经济体文化产业发展状况及特点 . http://www.stats.gov.cn/tjzs/tjsj/tjcb/dysj/201412/t20141209_649990.html.

光部与未来创造科学部发布的《韩国文化产业对外输出促进方案》预测，韩国文化产业整体对外出口额将在2017年达到100亿美元，力争到2020年，将文化内容出口额提高到224亿美元，从2010年全球排名第9位（2.2%的市场份额）提高到2020年第5位（5%的市场份额）。

1. 出口状况分析

韩国文化产业出口额在韩国出口总额中所占的比重更是逐年上升。2005年约占到总额的0.46%，到2012年，这一比重已经增加到了0.88%。韩国的文化产业出口呈现出的特点：一方面，文化产业的出口快速增长，文化产业的出口规模进一步扩大，年均增加17.2%。2012年韩国文化产业海外出口总额约为46亿美元，2013年文化产业出口额增加到49.2亿美元，同比增长6.8%；2014年增加到52.7亿美元，同比增长7.7%。另一方面，文化产业出口结构的不平衡性，其中出口规模比重最大的产业是游戏产业，2014年达到29.7亿美元，占整体的56.4%，同比增长9.5%，年均增长16.7%。（见表11）

韩国游戏产业有较高的国际竞争力，尤其是在线游戏和手机游戏一直牢牢占据世界前列。韩国采取多种措施促进游戏出口，如举办世界电子游戏竞技大赛，积极向参与的中国、美国、英国、日本等游戏展示会的企业提供帮助，并与海外游戏协会团体、大型游戏发行制作及通信公司展开了积极合作，建立了相互合作的网络，大大促进了游戏产业的出口贸易。

演艺、知识信息产业出口年均增长9%以上。近年来，韩国对国外演艺市场的开拓策略逐渐获得成效，如音乐剧、演唱会、戏剧在海外形成潮流，通过电影、广播电视剧的海外流行使"韩流"明星的知名度获得了空前提高，这些明星艺人借助"韩流"的影响力继续在海外拓展演艺市场，其影响力又加强了其他文化产品的受欢迎程度，形成良性互动，创造了良好的经济效益和综合效益。

广播电视、音乐、出版业和互联网等知识信息产品出口增长也比较快。韩国广播电视剧出口到中国市场的扩张趋势由于配额等原因受到限制，进而转向双方图书市场的合作。除了日本和欧美市场以外，韩国非常重视对中国的版权输出。据韩国文化产业振兴院统计，2013年中国出版市场规模达到281亿美元，2017年将增至331亿美元，年均增长率达到4.1%。而韩国出版社对华出口额2010—2012年期间，年均增长 25.6%。与全球陷入停滞的出版市场不同，对韩国来说中国出版界市场仍是"新兴"市场。

音乐产业也以新韩流偶像及各类组合、乐队、音乐剧等向海外拓展，实现了年均 72.6% 的爆发式增长。近年来，韩国文化产业振兴院为扩大国内音乐在海外市场的竞争力，对参加海外展览会、海外音乐庆典，开办海外音乐展示会，固定播放海外音乐节目在政策、经费等方面都给予积极支持，并举办国内音乐节，支持国内音乐参加英国、美国、法国举办的世界大型音乐会，提高韩国音乐的国际影响力；通过制定与实施中长期的综合支持政策，发展数字音乐业务，打造国际贸易平台，使韩国音乐产业出口大量增加，终于获得了井喷式的增长，以偶像组合为主体的 K-Pop 流行音乐逐渐占据国际音乐主流地位。2010年以后，因一曲《江南 Style》里的"骑马舞"红遍全球的"鸟叔"PSY 为韩国流行音乐的国际化又开创了一种新的模式——通过国际化的社交网站，以独特、有趣的内容吸引观众，以共享形式拓展影响力模式。韩国流行音乐产业极具国际化的产业，形成一条面向市场的完整的生产线，从人才培养、产品设计、包装制作到推向市场，各家娱乐业公司对自己产品的生产、营销都有明确定位。为了使产品适应全球一体化时代，K-Pop 的作品吸收了美国嘻哈音乐（Hip-Hop）和欧洲流行音乐的合唱、说唱等形式，并在乐曲最精彩处用英语演唱，在国际化方面取得了良好效果。

表 11　韩国文化产业近五年的出口现状（单位：千美元）

区分	2010 年	2011 年	2012 年	2013 年	2014 年	比重（%）	上半年增减率（%）	年均增减率（%）
出版	357,881	283,439	245,154	291,863	247,268	4.7	▽ 15.3	▽ 8.8
漫画	8,153	17,213	17,105	20,982	25,562	0.5	21.8	33.1
音乐	83,262	196,113	235,097	277,328	335,650	6.4	21.0	41.7
游戏	1,606,102	2,378,078	2,638,916	2,715,400	2,973,834	56.4	9.5	16.7
电影	13,583	15,829	20,175	37,071	26,380	0.5	▽ 28.8	18.1
动画	96,827	115,941	112,542	109,845	115,652	2.2	5.3	4.5
广播电视	184,700	222,372	233,821	309,399	336,019	6.4	8.6	16.1

广告	93,152	102,224	97,492	102,881	76,407	1.4	▽ 25.7	0.3
角色演艺	276,328	392,266	416,454	446,219	489,234	9.3	9.6	15.4
知识信息	368,174	432,256	444,837	456,911	479,653	9.1	5.0	6.8
内容服务	118,510	146,281	149,912	155,201	167,860	3.2	8.2	9.1
合计	3,189,074	4,302,012	4,611,505	4,923,100	5,273,519	100.0	7.1	13.4

（数据来源：韩国内容产业白皮书 2015）

2. 出口结构分析

由于国内市场饱和，韩国文化产业对海外市场依赖性较大，其文化产业贸易占世界贸易总额的近 3%。就 2014 年产业类别和出口地区而言，文化业输出的结构失衡现象比较严重，日本、中国、东南亚等亚洲地缘文化地区占其出口额的 76%，其中对日本出口额约为 15.97 亿美元，占比 31.2%，比重最大；中国 13.41 亿美元，占比 26.2%；东南亚为 9.57 亿美元，占比 18.7%。而对欧美等文化产业发达地区出口份额则较少，北美约 5.11 亿美元，占比 10%；欧洲约 3.11 亿美元，占比 6.1%，韩国文化产品国际竞争力与美国欧洲产业强国相比尚待提高。（见表 12）近年来，随着中国文化产业的迅速发展，韩国文化产业的海外市场扩张受到了挑战。此外，许多中小文化企业仍未摆脱小作坊式的运营模式、创意不足、盗版行为频发及自由创作受到限制等问题，也制约了韩国文化产业出口规模的扩大。

表 12　韩国文化产业分地区出口额情况（2014 年）（单位：千美元）

分类	中国	日本	东南亚	北美	欧洲	其他	合计
出版	38,541	60,584	29,457	66,189	13,956	38,541	247,268
漫画	1,241	7,015	4,871	3,947	8,054	434	25,562
音乐	52,798	235,481	39,548	1,058	1,058	1,058	335,650
游戏	957,331	910,064	540,665	204,468	120,340	240,966	2,973,834
电影	10,961	4,474	3,660	3,097	1,760	2,426	26,378
动画	1,848	20,169	125	62,490	26,541	4,479	115,652
广播电视	109,629	79,017	37,257	9,232	1,685	19,458	256,278
角色演艺	102,233	30,233	52,158	131,592	105,214	67,804	489,234
知识信息	42,356	199,543	219,874	9,801	4,102	3,977	479,653

内容服务	24,287	50,887	29,813	19,546	24,910	18,417	167,860
合计	1,341,225	1,597,467	957,428	511,420	311,340	398,489	5,117,369
比重（%）	26.2	31.2	18.7	10.0	6.1	7.8	100.0

（数据来源：韩国内容产业白皮书 2015）

3. 出口途径分析

从文化产业的海外出口途径看，海外销售流通公司的贡献最大，占销售额的 27.7%，国内代理使用的方式占 22.0%；从年度趋势看，这两种方式所占份额呈逐年上升趋势。海外展览及活动参与销售占18.3%，海外代理销售占17.5%，2013年较上年有所减少。利用境外其他法人实体方式占 7.8%，比上年增长 2.2%，海外在线销售占 5.7%，2013年比上年增长 3.2%。

从近五年的年度趋势看，受国际贸易的大环境影响，文化贸易方式变化较为显著，如海外参展方式出口份额会受到参展规模和国际参与度的影响，2013年较上年下降4.1%；国内代理方式在 2011年为 21.4%，到 2013年略微增加到 22.0%；通过海外流通公司出口方式，经过 2009 年到 2011年的持续增长后，2012年再度减少。海外销售网络方式所占份额较少，且增长不稳定，在 2013年却有较大幅度的增加后，2014年再度萎缩。（见表13）

从文化产业出口海外市场形态看，2013年通过许可证授权方式出口所占比重最大，达到44.7%；成品出口占40.6%，紧随其后，这是韩国文化产业主要的出口方式。OEM[①] 出口方式占11.5%，技术服务占 2.7%。2013年许可证出口方式比上年减少2.5%，是唯一有所减少的出口方式。2014年音乐、漫画、出版和内容服务业绝大部分都是以制成品的方式出口。（见表14、15）

---

① OEM 生产，也称为定点生产，俗称代工（生产），基本含义为品牌生产者不直接生产产品，而是利用自己掌握的关键的核心技术负责设计和开发新产品，控制销售渠道，具体的加工任务通过合同订购的方式委托同类产品的其他厂家生产，之后将所订产品低价买断，并直接贴上自己的品牌商标。

表 13　韩国近五年文化产业出口途径统计（单位：%）

出口方式		2010 年	2011 年	2012 年	2013 年	2014 年	上半年增减率（%）
直接口出	海外展览及活动	19.6	21.4	22.4	18.3	24.5	6.2
	海外流通公司	26.4	26.9	25.8	27.7	23.0	▽ 4.7
	海外销售网络	3.1	2.9	2.5	5.7	2.8	▽ 2.9
	利用境外法人	6.6	6.7	5.6	7.8	6.2	▽ 1.6
间接口出	国内代理利用	21.7	21.4	21.4	22.0	21.8	▽ 0.2
	海外代理利用	20.1	19.4	21.2	17.5	20.5	3.0
其他		2.5	1.3	1.3	1.0	1.0	0.0
合计		100	100	100	100	100	100.0

（数据来源：韩国内容产业白皮书 2015）

表 14　韩国文化产业进军海外市场形态（单位：%）

分类	2010 年	2011 年	2012 年	2013 年	2014 年	上半年增减率（%）
成品出口	39.9	40.8	39.7	40.6	44.4	3.8
许可证	45.2	46.1	47.2	44.7	40.0	▽ 4.7
OEM 出口	12.7	11.1	10.7	11.5	13.4	1.9
技术服务	1.9	2	2.4	2.7	2.3	▽ 0.4
其他	0.3	—	—	0.7	—	▽ 0.7
合计	100	100	100	100	100	100.0

（数据来源：韩国内容产业白皮书 2015）

表 15　韩国文化产业进出口差额（2013 年）（单位：千美元）

	出版	漫画	电影	音乐	游戏	动画	广播电视	角色演艺	知识信息	服务	合计
出口	291863	20982	277328	2715400	37071	109845	309399	446219	456911	155201	4820219
进口	254399	7078	12961	172229	50339	6571	122697	171649	597	505	799025
进出口差额	37464	13904	264367	2543171	▽ 13268	103274	186702	274570	456314	154696	4021194

（数据来源：韩国内容产业白皮书 2014）

4. 出口扶持政策

韩国自金大中政府以来的历届政府都非常重视和发展文化对外输出和文化产品出口业务，确立了"文化立国"方针。韩国政府一方面通过文化输出将文化软实力转变为外交实力，将文化交流视为与经济贸易和政治外交并行的三大外交主轴之一；另一方面又借助文化外交推动文化大国建设，改善国家整体形象，文化外交卓有成效；韩国政府将文化输出当作外交的重要工作内容，2009 年，成立了韩国国家品牌委员会。委员会属于一个综合协调部门，直接归总统领导，负责打造国家品牌和提升国家形象。其下设企划、国际合作、企业和信息、文化观光、全球市民 5 个分会，成员包括政府各部部长、知名企业总裁、贸易促进社社长、国家旅游组织主席等 40 余人。国家品牌委员会的设立充分发挥了政府主导下的统筹管理能力，使韩国文化外交的进一步拓展有了更好的依托。除了文化产业振兴院之外，还在世界各地设立了 28 家韩国文化院，文化院通过举办丰富多彩的文化展示活动，大力促进了韩国与当地的文化交流与合作。韩国文化院与文化产业振兴院在展示韩国文化魅力、促进文化产品出口方面起了重要作用。

2014 年，韩国文化体育观光部与韩国未来创造科学部（原科技和产业管理政府部门改组而成）发布了《韩国文化产业对外输出促进方案》。根据这一方案目标，韩国文化产业对外出口额力争在 2017 年达到 100 亿美元，为了实现这一艰巨目标，韩国政府下令动员各部委联动，合力推动韩国文化产业在全球范围内的出口和传播。政府下属各部委间将联合成立名为"海外出口协议会"的促进机构，共同对海外文化市场信息进行调查和分享。在海外市场上，则将以韩国文化产业振兴院为中心，联合相关部门在与出口相关的市场、法律、人力资源和海外创业等方面，为出口企业提供一揽子对口服务。尤其要从资金和政策两方面重点提供支持。在资金方面，韩国文化体育观光部宣布，为支持韩国文化产品出口，2013 年，政府的相关资金支持将从 1200 亿韩元增长到 2200 亿韩元，增长率超过 80%。未来创造科学部也于 2014 年建立新的电子信息产业支援基金，金额至少要达到 1200 亿韩元。两部委成立的种子基金，对韩国文化产业进军海外市场起到巨大的推动作用。同时，韩国进出口银行（Export-Import Bank of Korea）为支持韩国文化产业走出国门所提供的资金规模，也从 2014 年的 1800 亿韩元增长到 2017 年的 2500 亿韩元。

　　除了资金方面的支持，韩国文化体育观光部和未来创造科学部对全球不同国家和地区的文化市场进行了细致的分析和梳理，针对不同目标市场制定出具体的发展战略和措施。除了巩固亚洲市场之外，将中东、南美、非洲等新兴市场，作为今后韩国文化产业输出重点开发的市场，政府将通过搭建平台，为韩国企业进入新兴市场提供更多的机会；对于亚洲地区这类成熟的市场，则强调区域合作，重点推动在电影和动漫方面的联合制作，如通过亚太广播电视联盟（The Asia-Pacific Broadcasting Union）等机构，推动以亚洲文化和历史为素材的节目联合制作推广等；对于美国和欧洲市场，则要强化商业网络间的协调运作和分工合作，推进韩国文化的知名度。

　　此外，对于不同文化产业部门，韩国政府也将提供有针对性的营销支援和服务。对于电影、广播电视、音乐、音乐剧、游戏等不同特点的文化产业部门，韩国政府根据行业特点制定出倾向性和策略不同的促进方案，提高韩国文化产业各部门在世界范围内的竞争力。同时，也将在海外版权保护方面给予更多关注。

　　为促进海外出口，韩国政府还设立了众多奖项和荣誉，以鼓励文化企业的文化输出。政府设立的"韩国内容大奖"中就有进军海外优异奖、广播视频产业发展优异奖、漫画大奖、动画大奖、人物大奖等奖项。在 2013 年颁布的"韩国内容大奖"中，KBS 电视台台长吉焕英因其通过广播将电视剧、K-Pop、动漫等韩国文化宣扬到海外，在广播文化艺术交流和发展做出的贡献获得银冠文化勋章。电影《雪国列车》的 OPUS Pictures 公司代表李泰玄、动画片《汽车机器人波利》制作公司导演严准英、电视剧《听见你的声音》的编剧朴慧莲、综艺节目《花样爷爷》的创作者李宇贞、漫画《英年》的创作者朴兴永、动画片《Larva》的制作公司 Tuba 娱乐公司等获得了总统奖，国家荣誉激励了艺术家群体的持续创作。

第三章
韩国优势文化产业分析

第一节　广播电视产业分析

从《蓝色生死恋》《人鱼小姐》《大长今》到《来自星星的你》，韩剧持续在亚洲及世界各国市场受到欢迎，广播电视剧出口额从 2011 年的 2.2 亿增长为 2013 年的 3.1 亿美元，年均增长 18%。无论从影响力来看，还是从市场规模来看，广播电视产业无疑成为韩国文化产业对外输出的龙头产业之一。（见表16-1、表16-2）

表 16-1　韩国近三年电视广播产业进出口额（单位：千美元）

区分	2011 年	2012 年	2013 年	同比增长率（%）	年均增长率（%）
出口额	222,372	233,821	309,399	32.3	18.0
进口额	233,872	136,071	122,697	▽ 9.8	▽ 27.6
进出口差额	▽ 11,500	97,750	186,702	-	-

（数据来源：韩国内容产业白皮书 2014）

表 16-2　韩国独立广播影像制作公司进出口统计（单位：千美元）

年份	2008 年	2009 年	2010 年	2011 年	2012 年	2013 年	2014 年	2015 年
出口额	11,228	14,349	13,691	19,018	16,835	21,644	22,211	18,440
进口额	71,135	61,277	8,193	105,953	8,039	8,211	5,170	6,571
进出口差额	▽ 59,907	▽ 46,928	5498	▽ 86,935	8796	13433	17041	11869

（数据来源：韩国广播电视产业白皮书 2016）

韩国近几年的广播电视产业稳定发展，企业数量、从业人员和销售状况都持续增加，销售额年均增长 6.6%，增长速度相对较快。（见表16-3）

表 16-3　韩国近五年广播电视产业情况表

年份	企业数（个）	从业人数（名）	销售额（百万韩元）	增加值（百元万韩）	增值率（%）	出口额（千美元）	进口额（千美元）
2011 年	1,074	38,366	12,752,484	4,548,227	35.7	222,372	233,872
2012 年	945	40,774	14,182,479	5,124,633	36.1	233,821	136,071
2013 年	928	41,522	14,940,938	5,291,458	35.4	309,399	122,697
2014 年	935	41,397	15,824,795	6,120,014	38.7	336,019	64,508
2015 年	954	42,378	16,462,982	5,978,111	36.3	320,434	146,297
同比增长 %	2.0	2.4	4.0	▽ 2.3	–	▽ 4.6	126.8
年均增长 %	▽ 2.9	2.5	6.6	7.1	–	9.6	▽ 11.1

（数据来源：韩国广播电视产业白皮书 2016）

韩国广播电视产业按照韩国放送委员会的标准划分为地面广播电视，有线电视（综合有线电视、转播有线电视以及音乐有线电视），卫星广播电视等几类。

在 2009—2013 年的五年里，广播电视产业的整体年均增长率为10.9%，这是一个相对的高增长率。广播电视产业最大的增长因素是收费电视市场的成长，包括 IPTV[①] 的出现和综合有线广播，与 IPTV 结合的卫星广播电视等互相竞争，电视用户持续增加。与此相反，地面广播的收费电视媒体的销售持续下跌，观众也不断流失。由于广告市场上的网络媒体的竞争，2013年整个地面广播（包括地面 DMB）的广告销售额同比减少了1.6%。

目前，韩国的电视剧制作和播放主要垄断在三大媒介集团，即韩国广播公司（KBS）、[②]韩国文化广播公司（SBS）、首尔广播公司（MBC）手中，其市

---

① IPTV 即交互式网络电视，是一种利用宽带网，集互联网、多媒体、通信等技术于一体，向家庭用户提供包括数字电视在内的多种交互式服务的崭新技术。

② KBS 主要有两个频道：KBS1 以新闻和实况报道为主；KBS2 主要针对年轻人，是综艺娱乐台，也有少部分新闻内容。其代表作是《冬季恋歌》《夏日香气》《蓝色生死恋》等剧作。

场份额合计超过80%，各自的市场占有率平均约 20% 左右。三大广播公司在竞争过程中各自发展出自己的优势节目，KBS 以新闻类节目见长，SBS 则以"艺能节目"即娱乐节目见长，MBC 则在电视剧方面比较突出。此外，三大广播电视公司电视频段固定，公司广告业务均由韩国广播广告公社（KOBACO）代理，广告的垄断减少了电视台的竞争，使他们对节目资源的垄断和议价能力得到加强。与我国的电视产业格局不同，韩国的电视体制为制播合一，其内容制作商与放送平台互相融为一体。三大电视公司也是最大的电视节目和电视剧的制作商，产业链整合几乎涉及电视剧生产的各个环节，纵向聚合与横向协同已经不容易区分开来。同时，韩国国内电视剧市场交易规模非常有限，为了保持竞争优势，各大电视台的节目很少交叉，一般情况下，主流电视台不播出其他电视台制作的电视剧，电视台投资生产制作电视剧的首要目的是为在自己的电视台网播出，通过提高收视率来赚取广告市场份额；其次是拿到国际文化市场进行贸易，赚取外汇收入。这与我国电视剧交叉播放有所不同。韩国电视剧在制作方式上，也分为自己制作和外包两种。从总体看，通过竞争，电视台自己制作的剧目逐年下滑，外包节目所占的比例逐年提高，由于审查机制的宽松，韩剧一般采取"边写、边拍、边播"的动态机制，可以根据市场反应调整剧情，具有灵活性。这有别于我国电视剧的生产机制。在韩剧制作体系中，电视剧的编剧处于核心地位。韩剧的生产制作虽然也实行明星制，但编剧在剧作中的作用更加突出，可以说是剧组的灵魂。一般情况下，即使是导演、制片人，也要听从编剧的意见。编剧不仅负责改编剧情，还要介入演员的挑选甚至更换等拍摄事务。编剧的进度决定着电视剧的拍摄进度。韩国的《广播电视法》规定，影视制作公司不能获得15%以上的利润，目的是鼓励影视制作公司开发下游产品，注重广告、市场推广、时尚产品、影视衍生产品等综合开发。[①]

　　另外，按照规定，广播电视公司不只是制作影视，还承担演艺人才培养、包装、广告、演唱会、影视衍生品的开发等业务。韩剧的知识产权就集中在制片人手里，制片人有权把除剧作以外的各种衍生产品推向国际市场。为开拓国际市场，韩国政府制定积极政策促进节目出口，参与和拓展国际广播电

---

①　参见申惠善:《简述韩国电视剧编剧体制》，载《北京电影学报》，2006年2期，第14页。

视样片市场；通过选拔优秀人才促进优秀电视剧的海外出口；政府每年投入4.7万亿韩元参加国际电视样片市场，如美国电视节目展、法国戛纳国际电视节、中国上海电视节、中国北京电视节。同时，在韩国举办国际电视节。为保障韩国电视节目竞争力，韩国在修订完善的《广播电视法》中规定，需采购三大电视公司之外独立制作公司的节目，支持独立媒体发展。2011-2013年韩国广播电视出口年均增长率为18%，成为对外文化输出的重要产品。（见表17）

表17 韩国广播电视节目出口状况（单位：千美元）

		2011年	2012年	2013年	比重（%）	上年增长率（%）	年均增长率（%）
广播节目	韩国广播公司	61,195	53,564	67,398	21.8	25.8	4.9
	文化广播公司	50,072	51,019	64,105	20.7	25.6	13.1
	韩国教育广播公司	985	764	384	0.1	▽ 49.7	▽ 37.6
	（SBS）	45,607	40,666	59,373	19.2	46.0	14.1
	其他电视台	211	7,494	143	0.0	▽ 17.7	98.1%
	地面广播	158,070	153,507	191,403	61.8	24.7	10.0
	广播频道运营商	10,871	26,211	48,032	15.5	83.3	110.2
海外侨胞广播支持	地面广播	2,004	1,476	984	▽ 33.3	▽ 29.9	0.3
	广播频道运营商	441	86	435	0.1	405.8	▽ 0.7
录像/DVD销售窗口期	地面波电视台	10,998	7,727	17,301	5.6	123.9	25.4
	广播频道运营商	2,180	182	48	0.0	▽ 73.6	▽ 85.2
	地面波广播	17,712	26,458	24,544	7.9	▽ 7.2	17.7
	广播频道运营商	–	40	–	–	–	–
版权	地面广播	1,079	1,298	3,099	1.0	138.8	69.5
	广播频道运营商	–	–	327	0.1	–	–
其他	地面广播	–	–	1,582	0.5	–	–
	广播频道运营商	–	–	–	–	–	–
合计		203,354	216,986	287,755	93.0	32.6	19.0
独立制作公司		19,018	16,835	21,644	7.0	28.6	6.7
合计		222,372	233,821	309,399	100.0	32.3	18.0

（数据来源：韩国内容产业白皮书2014）

　　随着韩剧等文化产品席卷全球，各国消费者对韩国产品的好感也在上升。据统计，韩国文化产业出口每增加100美元，就能使韩国商品出口增加412美元，这被称为韩国文化产业的"四倍效应"。因此，在某种意义上，韩剧并不仅仅是电视剧，而与之相关的旅游、服装、化妆品、手机、医药、餐饮、美容等行业，都可以借此机会走向国际市场，开拓海外空间，从而形成扩展性的产业链条。韩国影视作品从前期策划就极为注重产品的"一源多用"。在开发制作电视剧等文化产品之初，就注意把韩国的传统文化、饮食、服饰、旅游等捆绑在一起在剧中集中展现。这样，观众对该剧的消费也是全方位的。

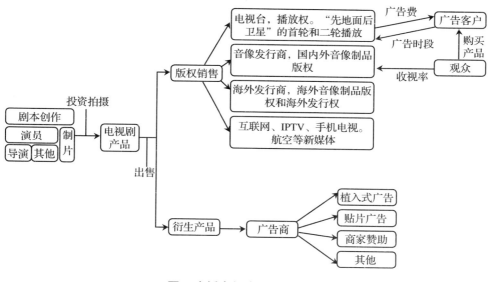

图2 广播电视产业链示意图

第二节　韩国电影产业分析

　　韩国电影在世界范围内也具有较强的竞争力和影响力，电影题材方面持续开拓，不断有作品获得知名国际电影节的奖项，引起世界各国影迷的兴趣，而且具备了一流的影片拍摄和制作技术。电影产业在国家扶持下迅速壮大。

　　韩国电影产业的发展首先得益于其保护及开放政策。20世纪70年代至

80年代，韩国本土电影的国内市场占有率一直处于 20% 左右，强势进入的美国、日本以及中国香港电影则垄断了80% 的市场份额。为了改变这一不利局面，韩国政府先后推出了旨在扶持国产电影发展的一系列支持策略。首先是资金投入的加大。电影是高资本投入行业，为解决资金难题，政府成立多个电影投资基金管理机构，如 1999 年改名的韩国电影振兴委员会（KOFIC）、中小型商业投资委员会（SMBA）等。到 21 世纪初期，KOFIC 管理的资金规模就达到了 2400 万美元，SMBA 管理的相关资金达到了 3920 万美元。其次，确立了韩国电影分级制和市场配额制。电影审查制度曾经大大压制了韩国电影的繁荣。1994年，韩国制定了《韩国电影振兴法》。1997年正式废除电影审查制，施行分级制。分级制的确立使电影创作者获得空前的表达自由。市场配额制则用强制性手段保护了初期处于弱势的本土电影。实际上，配额制始于1966年的军政府时期，当时的《韩国电影法》中规定，外国影片的进口量不得超过本土电影的1/3。至1995年，此项规定修改为影院须以40% 的放映日播放韩国国产电影，即每年146天。配额制度在初期起到了一定作用，但到后期越来越成为妨碍电影竞争力提升的羁绊。为了增强本土电影竞争力，做大做强韩国影视产业，韩国政府早在1986年就开放了对进口电影的限制，并从 2006 年起取消了影片配额制。这可谓是韩国影视业发展的一个重要转折点。据韩国电影振兴委员会统计，尽管取消配额制之后，韩国国产电影的市场占有率有所减少，但依然保持在 50% 的占有率上。韩国电影产业不仅没有在外来电影冲击下垮掉，反而在充分的市场竞争下日趋繁荣，成为文化产业出口的重要部门。

随着大批海外留学电影人才的回归，以好莱坞为代表的电影技术、方法与理念开始在影坛发挥越来越强的影响力。同时，韩国国内掀起了电影教育热潮，许多综合大学纷纷开设电影相关专业，在人才培养模式上注重课堂教学和拍摄实践相结合，使培养的人才能够很好地对接产业，保证了韩国电影创作的活力和生产的动力——人才的梯队建设为韩国电影注入了与时俱进的活力，这是韩国电影受到本土欢迎也受到出口市场欢迎的重要原因之一。此外，政府还设立多个电影展庆活动，包括首尔独立电影节，釜山国际电影节、富川、全州，济州电影节等，扩大了电影产业的基础和影响力。

2000年后，韩国将电影产业确定为文化产业的一个重要发展方向，为电影产业发展打下了重要基础。韩国电影出口额在随后的6年时间里增长了近50倍。韩国电影也因其独特的民族文化、细腻的电影语言和出色的剧情设计，不仅在国内屡创纪录，在海外电影市场的票房成绩也比以往大大提高，在国际电影舞台上充当着越来越重要的角色。2012年韩国电影的海外输出总额达到416亿韩元（约2017万美元），比2011年上升8.4%，2011–2013年，年均大幅增长53%。（见表19）2013年电影产业销售总额达到1.79万亿韩元，观影人数为2.1亿人次，人均观影次数达到4.17次。随着IPTV数码有线电视市场的急剧增长，以及国外市场的电影技术服务订单扩大等因素的影响，韩国电影界预计电影产业会迎来新一轮增长。

表18　韩国近五年电影产业总体状况

年度	企业数（个）	雇员数（人）	销售额（百万韩元）	增值额（百万韩元）	附加值率（%）	出口额（千美元）	进口额（美元）
2009年	4,109	28,041	3,362,815	1,106,366	32.9	14,122	73,646
2010年	3,727	30,561	3,577,948	1,169,265	32.7	13,583	53,374
2011年	3,416	29,493	3,833,659	1,524,495	39.8	15,829	46,355
2012年	2,622	30,775	4,364,639	1,707,458	39.1	20,175	59409
2013年	1,427	30,238	4,664,748	1,794,369	38.5	37,071	50,339
上年增长率（%）	▽ 45.6	▽ 1.7	6.9	5.1	–	83.7	▽ 15.3
年均增长率（%）	▽ 23.2	1.9	8.5	12.9	–	27.3	▽ 9.1

（数据来源：韩国内容产业白皮书2014）

同广播电视业的大公司垄断的状况类似，韩国电影产业在激烈的市场竞争下不断合并淘汰，电影相关从业公司从2009年的4109家减少到2013年的1427家。（见表18）一些大公司如希杰娱乐公司、秀盒子公司、乐天娱乐公司等占有电影市场的55%，处于垄断地位。韩国电影行业通过形成合理的制作体制和制作流程，成立专门的投资组合，实现了制作资本的稳定化，影片的投拍数量和质量及稳定的电影人才都有了保证。电影预售和剧本先行投资方式的交易使韩国电影产业发展更为多元健康。在政府的引导下，不少大企业纷纷投资电影产业。在韩国电影产业的资本运营中，电影的制作费用主要来自各大投资公司，主要分为两类，一类是专门投资资本，比如希杰娱乐公司和电影服务公司；另一类是风险投资。比如，KTB投资集团、三星风险投资、产银投资等有着丰富的风投经验。电影投资的复合组合带动了电影产业的发展，投资收益的主要来源不是附加产品，而是票房收入，此项收入占据韩国电影产业总收入的80%至90%。由于电影票价较低，韩国人养成了进影院观影的习惯。据统计，1995年，韩国电影国产片观影人数只有1000万，而到2006年观影人数则猛增到1.5亿人次，2014年更是达到了2.1亿人次；韩国国产片的市场份额从1995年的占比20%上升到2006年的占比63.8%，2014年则有所下降，占比约为50%。（见表20）为提高电影票房收入，近年来韩国电影在营销宣传方面的费用支出不断增加。尽管票房收入大幅增长，但单纯依靠电影票房，缺少附加收益的其他相关周边产品，则不利于电影产业的可持续发展。韩国电影界逐渐倾向于开发多元化的电影附加产品以增加利润。此外，通过透明化预算和强化制作过程的流程化管理，电影制作费用得到了有效的控制。随着网络的发展，视频网站上下载市场的规模也在不断扩大，这使韩国电影附加产品的销售渠道不断扩大，销量呈增加趋势。

　与其他国家的影视业相比，韩国影视作品以原创为主，政府主要发挥市场守护者的作用，着力于打造相对宽松和自由的电影创作环境，投入于电影行业的资金和政策扶持也使得电影的制作、供给和放映等各个环节都进入了良性发展的轨道。民族传统文化为韩国影视业提供了源源不断的资源，韩国IT产业、软件技术产业的飞速发展则为电影提供了重要的技术支持。在好莱坞电影技术的带动下，韩国电影的后期制作技术不断提高，韩国电影国际竞争力也得到提升。因此，政府对电影技术的创新和研发也给予积极支持。韩国贸易保险公社（K-Sure）特别成立了"电影产业支援基金"，该基金主要用来扶持和帮助那些新导演及独具风格的新派电影，以保证韩国电影产业的多元化发展和创新力。对于非商业化的艺术电影则由电影振兴委员会给予部分前期制作费用的支持。其中，韩国政府交给电影振兴委员会分配的"电影辅助金"起到了积极作用。韩国电影学院学生或者独立电影导演拍摄实验短片、纪录片和独立艺术电影，每部可以申请到最高4亿韩元或电影总体制作费30%

的辅助金，无须归还，也无须以奖项和内容上的附和作为回馈。2010年后，政府将3D电影作为支持重点，投入4100亿韩元推动3D电影，于2015年前后将20%的影音内容和50%的大荧幕转换为3D，力图成为亚洲3D影音市场的龙头。

为突破国内电影市场狭小的局限，韩国政府着力引导电影出口，并制定有针对性的出口策略，针对不同的文化圈及其对电影的偏好，采取不同的策略，如针对日本为中心的亚洲地区，以明星和名导演作品为主；针对欧洲市场，则以艺术电影为主。政府还特别成立影音分轨公司，对将韩文翻译为外语和产品制作费用给予补助，并设立"出口奖"，鼓励电影海外出口。

表19　韩国近三年电影产业进出口额状况（单位：千美元）

区分	2011年	2012年	2013年	增减率（%）	同比平均增减率（%）
出口额	15,829	20,175	37,071	83.7	53.0
进口额	46,355	59,409	50,339	▽15.3	4.2
进出口差额	▽30,526	▽39,234	▽13,268	—	—

（数据来源：韩国内容产业白皮书2014）

表20　韩国2005—2014年电影产业数据

类别/年度		2005年	2006年	2007年	2008年	2009年	2010年	2011年	2012年	2013年	2014年
观影人次（万人）	总观影人次	14552	15341	15878	15083	15696	14918	15972	19489	21335	21506
	增长率（%）	7.7	5.4	3.5	−5.0	4.1	−5.0	7.1	22.0	9.5	0.8
	韩国电影	8544	9791	7939	6355	7641	6940	8287	11461	12729	10770
	增长率（%）	6.5	14.6	−18.9	−20.0	20.2	−9.2	19.4	38.3	11.1	−15.4
	占有率（%）	58.7	63.8	50.0	42.1	48.7	46.5	51.9	58.8	59.7	50,1
	外国电影	6008	5550	7939	8728	8055	7978	7685	8028	8606	10736
	增长率（%）	9.3	−7.6	43.0	9.9	−7.7	−1.0	−3.7	4.5	7.2	24.8
	占有率（%）	41.3	36.2	50.0	57.9	51.3	53.5	48.1	41.2	40.3	49.9

（数据来源：韩国内容产业白皮书2015）

第三节 韩国游戏产业分析

韩国游戏产业较为发达，在文化产业中所占的比重最大，也是最为重要的文化输出产品。2005年韩国在整个世界游戏市场所占的比重为10.2%，在线游戏为31.9%，手机游戏为12.1%。韩国在线游戏在世界排行第一，手机游戏在日本和美国后，居第三位。2008年，其游戏出口额超过10亿美元，占总出口额的58%。虽然近年来韩国游戏在中国市场的份额下降，但多款游戏依然在最受欢迎网络游戏的榜单上名列前茅，而且其在本土和其他国际市场依然火热。韩国新开发的游戏在海外大受好评，韩国游戏产业呈现出越来越强的趋势。韩国研发的智能手机游戏也在成为新"韩流"的主要内容之一。在日本，甚至北美市场都大受欢迎的 Neocyon 公司出品的游戏"紫罗兰（Ragnarok Violet）"，登上了北美 APP STORE 冒险游戏排行第一名的"天空之城（Rule the sky）"等都展现了韩国游戏开发的实力。

表 21 韩国近五年游戏产业总体状况

年度	企业数（个）	雇员数（人）	销售额（百万韩元）	增值额（百万韩元）	附加值率（%）	出口额（千美元）	进口额（千美元）
2009 年	30,535	92,533	6,580,600	3,348,867	50.9	1,240,856	332,250
2010 年	20,658	94,973	7,431,118	3,768,320	50.7	1,606,102	242,532
2011 年	17,344	95,015	8,804,740	4,184,893	47.5	2,378,078	204,986
2012 年	16,189	95,051	9,752,538	4,568,089	46.8	2,638,916	179,135
2013 年	15,078	91,893	9,719,683	4,545,896	46.8	2,715,400	172,229
上年增减率（%）	▽ 6.9	▽ 3.3	▽ 0.3	▽ 0.5	–	2.9	▽ 3.9
年均增减率（%）	▽ 16.2	▽ 0.2	10.2	7.9	–	21.6	▽ 15.1

（数据来源：韩国内容产业白皮书2014）

韩国文化体育观光部与韩国文化产业振兴院发布的"2015韩国游戏产业白皮书"显示，2014年韩国游戏市场同比增长2.6%，成功逆转了2013年的下降态势（2013年韩国游戏市场降幅为0.3%，见表21）。韩国网游市场在

2013年经历了较大幅度的下降，达19.6%；2014年重新回到了增长态势，增幅1.7%。手游在2014年仍然保持增长，虽不及2013年190.6%的超高速增长，但增长率也达到了25.2%。据统计，2014年游戏产业的总销售额为99706亿韩元，比2013年增加了2.6%。从2012年到2014年年均增加1.1%。从产业分类看，游戏制作及配给业销售额为87024亿韩元，占总销售额的87.3%，游戏流通业的销售额为12682亿韩元，占12.7%。从增长率来看，游戏制作及配给业销售额从2013年的79940亿韩元增长到2014年的87024亿韩元，增加了8.9%，而游戏流通业销售额从2013年的17256亿韩元增加到20256亿韩元。

表22　2013—2014年韩国游戏产业出口比重（单位：百万美元）

分类	出版	漫画	音乐	游戏	电影	动画	广播电视	广告	演艺角色	信息知识	服务内容
2013年	273	18	275	2,978	23	120	242	98	449	460	164
2014年	298	18	325	3,443	25	130	252	104	498	478	181
合计	571	36	600	6,421	48	250	494	202	947	938	345
上年增长率（%）	9	0	18	15	8.1	8.3	4.1	6.1	10.9	3.9	10.3

（数据来源：韩国内容产业白皮书2015）

　　游戏产业的迅速发展与韩国政府的大力扶持也是分不开的。亚洲金融危机产生以后，韩国政府把战略重点转向IT行业和娱乐产业，并大力扶持能源消耗极低、附加值高的游戏制作，电子游戏逐渐成为文化产业的支柱产业。从事游戏产业开发的高科技人才可以免除两年兵役，政府同时减免游戏公司的税务负担，有的中小游戏公司从业人员甚至每月可以去领政府为鼓励游戏行业发展而发放的补贴。韩国政府在1996年6月重新修订《唱片和影像物相关法律修订案》，游戏行业成为文化振兴的主要支持对象。1999年韩国游戏产业振兴院（KOGIA）成立后，一直致力于支持游戏技术的本土化开发，构建各种文化基础设施，促进游戏海外推广和营销。2006年2月修订了《游戏产业振兴相关法律》，并于2007年1月和2008年2月进行了重新修订，建立了有效的法律基础。政府在振兴法的指导下积极建设游戏产业创作的基础平台，打造有利于新生游戏企业成长的外包环境，政府、企业和游戏产业基金形成多元投资组合；每年发行《游戏产业白皮书》，编写《游戏产业杂志》，发布政府政策报告书，建设游戏产业综合信息系统。同时，加强游戏课程教育，通过校企联合办学，培养优秀游戏创意开发人才。

　　韩国政府为推动游戏产业发展，建立了与之相配套的管理体制。韩国文化观光部（MCT）于1994年设立"文化产业局"来管理网络及游戏等文化产业。1999年，当时的文化观光部又成立了韩国游戏促销中心，该中心所属的韩国游戏研发和促销协会（KGDPI）负责专门为游戏产业提供必要的核心支持。其主要职责和功能是，为游戏产业政策的制定提出建议，培养游戏人才，为游戏企业提供资金方面的支持，协助企业开拓海外游戏市场，开展国际交流等。近年来，韩国游戏研发和促销协会为韩国游戏产业的快速发展起到了重要作用。为了支持中小游戏企业，韩国游戏研发和促销协会启动了游戏开发"孵化"项目，那些有潜力、有创意但是缺乏启动资金或制作费用的公司成为孵化对象。协会免费为这些公司提供办公场所。企业只需要支付必要的运营成本，就能以非常低的费用使用协会所提供的各种制作设备等基础设施。同年，韩国文化观光部还成立了"半官方性质"的游戏产业开发院，为游戏产业的企划、制作、人才、营销、政策及技术开发，游戏文化塑造等提供综合支持，政府每年向游戏产业开发院注资近106亿韩元，用于游戏产业的发展。此外，政府组建了韩国游戏支持中心，向游戏产业提供包括资金到技术等多方面的支持；为解决资金难题组建游戏投资联盟，该投资主体每年向游戏产业投入500亿韩元以上的资金，并且为游戏企业提供长期的低息贷款；设立信息化基金和文化产业基金，为游戏产业提供技术服务；对指定的风险企业实行各种税收优惠政策，减少甚至免除游戏企业的税务负担；建设游戏产业孵化基地以扶持中小游戏企业的发展。此外，韩国政府每年都发行海外游戏市场报告书，对国外市场的情况进行详尽分析，并把国外推广营销应注意的事项提供给游戏企业。支持企业在海外举办游戏展交会，支持出口游戏当地语言版本的翻译和制作，通过与各国政府主管机构、各类海外游戏协会、游戏发行制作公司合作，建立游戏合作及营销网络，促进韩国游戏在海外的推广。

　　韩国国内游戏市场狭小，中小企业出口需求迫切，游戏占其文化产品出口的50%以上份额，（见表22）国外市场的风险比较多，很多情况是中小企业难以独立应对的。2004年11月，韩国软件振兴院为促进中小游戏企业海外市场的拓展，建立起统一的网络游戏全球测试平台。游戏产业主管部门在国内按照市场原则和标准遴选优秀的产品，提供免费的服务器和运营平台。中小公司走出国门发展，面临多方面的风险，政府为其提供有针对性的详尽的海外市场资料，测试游戏在目标市场是否受到欢迎，并为企业提供相应的解决方案。韩国软件振兴院在全球多个国家都设置了客户端下载服务器，企业无论在海外何处，只要连接当地的服务器就可以进入网络游戏全球测试平台。企业不需要经过任何程序，只需要把游戏做成英文版本，然后放在这个网络测试平台上就可以。由政府进行推广宣传，帮他们开拓市场，所有费用都由政府承担。对于优秀的游戏产品，政府还会承担一部分游戏的翻译费用。为了给企业提供海外市场稳定性测试，软件振兴院目前已在美国、日本、新加坡、英国和德国完成了基础设施的建设。

除此之外，为推广游戏，韩国政府积极举办国际性的电子游戏竞技比赛。通过成功举办世界电子竞技大赛（WCG）这样的国际性大赛，成功地实现了向国外推行游戏文化和商业战略的目的。世界电子竞技大赛成为韩国海外游戏市场拓展和文化输出的重要方式。在营销方面，除了政府力量之外，韩国企业也积极构筑海外营销网，利用企业间的营销网络、外国游戏代理商，以直销、合作经销等多种手段，为韩国网络游戏海外推广开辟道路。其中，中国、日本、东南亚、北美、欧洲成为其游戏产品主要市场。（见表23）

表 23　韩国游戏产业分地区出口额状况（单位：千美元）

地区	2011 年	2012 年	2013 年	比重（%）	上年增减率（%）	年均增减率（%）
中国	907, 296	1, 018, 676	1, 048, 144	38.6	2.9	7.5
日本	652, 556	703, 368	725, 012	26.7	3.1	5.4
东南亚	428, 277	496, 325	510, 495	18.8	2.9	9.2
北美	181, 255	202, 337	209, 086	7.7	3.3	7.4
欧洲	152, 369	159, 258	162, 924	6.0	2.3	3.4
其他	56, 325	58, 952	59, 739	2.2	1.3	3.0
合计	2, 378, 078	2, 638, 916	2, 715, 400	100.0	2.9	6.9

（数据来源：韩国内容产业白皮书2014）

　　韩国文化体育观光部与文化产业振兴院公布的"2015韩国游戏产业白皮书"对未来五年韩国及世界的游戏市场进行预测。2015年韩国游戏产业规模达10.57万亿韩元，同比增长6.1%。其中，网络游戏增长幅度较小，手机游戏则继续保持较高速增长，成为拉动整个游戏产业增长的"火车头"。

　　"世界游戏市场白皮书"认为，2019年世界游戏市场规模将比2010年翻一番，其中占比规模最大的仍将是主机游戏，但相比2014年，主机游戏的占比会有所下降。2019年网络游戏与街机游戏占比差距将继续拉大，智能手机游戏仍将保持较高速的增长，将达到或超过17.5%的比重。盒装游戏2019年占比同2014年相比将会持平或略有下降。从世界范围来看，亚洲、南美、北美地区占比将会实现增长，欧洲地区占比呈现下降趋势。2014年亚洲游戏市场占比达44.9%。其中，中国、日本、韩国在网络游戏和手机游戏方面的表现较为强势，为亚洲市场贡献了绝大部分增长率。白皮书预计亚洲市场在2019年世界占比会有所增长，将会达到45.3%。北美和南美市场依靠主机游戏市场的增长在2019年预计也将提高占比，分别达到21.3%和1.9%。与此相反，欧洲市场虽然在主机游戏市场有所增长，但受街机游戏市场与盒装游戏市场萎缩的影响，占比预计会有小幅下降。

■ 手游　■ 街机游戏　□ 盒装游戏　　■ 手游　■ 街机游戏　□ 盒装游戏　■ 主机游戏　■ 网游

■ 主机游戏　■ 网游

图3　韩国游戏类型市场比重示意图

　　由于世界游戏产业的战场已经从在线游戏慢慢转移到手机游戏，国内大型①、端游②公司纷纷开发新的手机游戏。此外，受到韩国国内有关游戏限制的法律法规施行等因素的影响，韩国文化产业振兴院（KOCCA）预测，未来两年研发手机游戏的中小企业，将面临严峻的考验。在端游行情逐渐衰落，手机游戏的竞争也日加激烈的情况下，韩国文化产业界将新的游戏产业增长点定位于智能平台的兴起，包括智能电视和智能手机、iPAD等其他平台。政府2014年开展了名为"毕加索计划"的游戏振兴战略，投入资金支持游戏业的开发和销售。2014年12月，韩国文化体育观光部发表了《游戏产业及电子竞技中长期规划》，明确表示将在2019年以前至少提供2300亿韩元支持韩国游戏产业。在巨额资金的带动下，韩国的游戏产业还将持续繁荣。

第四节　韩国动漫产业分析

自20世纪90年代，韩国通过与美国、日本等动漫强国开展多种形式的灵活合作，发挥自己在企划和质量管理方面的优势，快速发展了本国的动漫技术和动漫产业。目前，韩国动漫产业的产量已在全球相关产业占据一定比例。在亚洲仅次于日本，在全球市场中仅次于日本、美国，成为世界第三大动漫产业大国。韩国广泛开拓衍生品市场，注重市场营销，其知名漫画形象"流氓兔"受到世界广泛的喜爱，卡通品牌"PORORO"出口到法国与英国等120个国家和地区。2004年，在法国TF1放映时，最高收视率达到了57%。据悉，"PORORO"每年的版权费就已经超过了120亿韩元，其品牌价值已高达3893亿韩元。

2003年以来，随着互联网等IT技术的运用，基于新媒体的支持，数字

---

① 网页游戏又称Web游戏，无端网游，简称页游，是基于Web浏览器的网络在线多人互动游戏，无须下载客户端。

② 端游，是2012年相对于"网页游戏"所产生的新名词，全称是"客户端游戏"，即是传统的依靠下载客户端，在电脑上进行游戏的网络游戏。

漫画①得到了很大的发展，漫画产业处于转型时期，新的产业内部秩序逐渐形成。一方面，漫画产业的数字化快速进行，动漫内容出版商将数字化视为未来新的盈利点，传统的漫画出版业逐渐萎缩；另一方面，漫画出版业仍然是整个漫画产业的主体，占比47.4%。漫画出版的批发零售业占33.8%，漫画租赁业占比8.6%。这三个领域占整个漫画产业总销售额的89.8%。而数字漫画部门的在线漫画制作、流通业的产值比重虽然在持续增长，但只占总产值的10.2%。2013年漫画销售比上年增加了5.2%，这主要得益于漫画出版业的发展，漫画在线网站的成长和漫画单行本出版，以及在线漫画单行本的销售。（见表24、表25）韩国漫画产业正在进行转型。

表 24　韩国近五年漫画产业情况表

年度	企业数（家）	雇员数（人）	销售额（百万韩元）	增值额（百万韩元）	增值率（%）	出口（千美元）	进口（千美元）
2009 年	10,109	10,748	739,094	290,833	39.4	4,209	5,492
2010 年	9,634	10,779	741,947	297,632	40.1	8,153	5,281
2011 年	8,709	10,358	751,691	307,558	40.9	17,213	3,968
2012 年	8,856	10,161	758,525	313,877	41.4	17,105	5,286
2013 年	8,520	10,077	797,649	322,569	40.4	20,982	7,078
上年增减率（%）	▽ 3.8	▽ 0.8	5.2	2.8	—	22.7	33.9
年均增减（%）	▽ 4.2	▽ 1.6	1.9	2.6	—	49.4	6.5

（数据来源：韩国内容产业白皮书2014）

---

① 基于互联网、手机、iPad 等新移动终端，动漫的数字化内涵和外延都得到延展，它可以是纸质漫画的电子版，也可以借助软件，把漫画动态化，并辅助一定的声响效果，使它具有一定的动感及互动性，创造一种全新阅读体验，并有可能催生新的盈利模式。由此引发一系列创新与突破，或将触及动漫杂志根基，并有可能影响动漫行业未来之发展。

表 25 韩国 2013 年漫画产业企业情况

分类		企业数（家）	从业者（人）	销售额百万韩元	企业平均销售额（百万韩元）	人均销售额（百万韩元）
漫画出版	漫画出版社（漫画杂志、每日漫画、混合漫）	85	623	107,095	1,260	172
	普通出版社（漫画）	114	1,592	270,852	2,376	170
	合计	199	2,215	377,947	1,899	171
网络漫画制作、流通业	网络/移动漫画内容制作及提供（cp）	46	189	18,017	392	96
	互联网漫画内容服务	31	330	46,641	1,505	141
	移动漫画内容服务	3	17	16,566	5,522	935
	合计	80	536	81,224	1,015	151
漫画租赁业	漫画租赁（漫画房、漫画咖啡屋）	761	823	20,290	27	25
	书籍租赁（漫画出借部门）	2,532	3,073	48,231	19	16
	合计	3,293	3,896	68,521	21	18
	漫画及杂志批发	184	721	57,537	313	80
	漫画以及杂志零售	4,764	2,709	212,420	45	78
	合计	4,948	3,430	269,957	55	79
总计		8,520	10,077	797,649	94	79

（数据来源：韩国内容产业白皮书 2014）

　　韩国政府的文化产业政策按照效果可以划分为规范性政策和鼓励性政策。规范性政策强制要求企业机构执行，鼓励性政策具有激励性，两类政策共同形成合力，促进动漫产业发展。2002 年以来，韩国文化振兴院拨款建立国家级动漫产业基地，并同政府其他相关职能部门配合，从动漫产业的教育培训、产品开发、项目孵化及国际推广交流等环节入手，推动产、学、研协调发展，系统推进动漫产业的发展。韩国政府 1999 年发布的《文化产业振兴基本法》，首次把动漫产业列入文化产业范畴，为动漫产业的快速发展奠定了基础。随后，政府又修订了《影像振兴基本法》和《著作权法》等相关法律条文。相关法律的修订一方面明确了动漫产业的性质，为动漫产业发展和政府支持提供了法律依据；另一方面，法律条文也对产业运行中出现的问题进行了规范和约束。

为了给动漫产业健康发展创造良好的产业环境，韩国政府修订了《广播电视法》，对韩国动画片与进口动画片在电视台的播放比例进行了详细的规定：韩国动画片占45%，外国动画片占55%。此外，任何一个国家动画片在韩国的播放时间不能超过动画片播出总量的60%，防止日本动漫产品垄断电视屏幕。在如此严格的规范下，韩国电视台播放的本国动画片、日本动画片与其他国家的动画片的播放比例近两年一般分别保持在45%、30%、20%左右。为了保护本国动画片市场，韩国政府修订了《广播电视法》，从2005年7月起采用韩国动画片义务播放制，按规定，各电视台要保障用总时间1%~1.5%的时间播放韩国动画片，每周播放新制国产动画片的时间为70分钟。《广播电视法》为动漫产业划定了稳定的国内市场，起到了良好的推动作用。2003年，韩国文化观光部制定了《漫画产业发展中长期计划（2003—2007年）》，该计划提出，至2007年韩国漫画制作规模要达到5000亿韩元，市场规模达1万亿韩元，国产漫画市场占有率提高到70%，销售市场占40%，借阅市场占60%，出口占10%。2006年1月4日韩国文化观光部又发表了《动画产业中期增长战略》，再次提出将韩国动画市场规模从2006年的3000亿韩元提高到2010年的1万亿韩元。为此，韩国政府在2006—2010年间要投资764亿韩元（约人民币7.36亿元）支持动画产业发展，经费主要用于制作技术基础设施、动漫人才培养、海外出口强化和交流合作，动画制作项目支持等。从2012年至2016年，韩国文化产业振兴院为了提高动画产业竞争力，五年间提供了556亿韩元的预算援助。挖掘优秀的国产动画，在动画制作、剧本企划开发、样片制作、新媒体展示、短篇作品奖励、动画推介节目制作、海外出口、亚洲动画峰会和海外市场展示等方面给予援助。

此外，政府大力支持动画原创及数字动画、Flash动画转换为电影电视胶片，电影振兴委员会拿出基金支持电影动画剧本写作和动画制作。政府还支持举办国际动画节，文化观光部先后支持首尔（Seoul）国际漫画动画节和春川动画节。2004年文化观光部开始实施对海外发行公司的支持，包括语言翻译，参加展示会，宣传广告和法律咨询等方面。除了规范性政策，韩国政府还对动漫产业实施了一整套激励机制。比如，设立"国务总理奖""文化观光部长官奖""出口奖"等奖项，对优秀的动漫作品分别给予不同程度的奖金奖励。除了丰厚的奖金，国家还为获奖单位提供国内外经营出口的多种优惠政策。奖励等激励政策增强了动漫产业的活力，如韩国知名卡通形象流氓兔（Mashimaro），因为在市场销售及许可业绩、消费者喜欢度、构思、质量水平等几方面的评估中深受好评，连续两年被授予"大韩民国卡通造型大奖"。三维动画片系列《小企鹅POORO》也因儿童们的喜爱而赢得政府最高奖。EBS电视台制作的卡通形象贝肯熊（Backkom）也摘得2006年的韩国动画片最高奖。

在多种政策利好的支持和带动下，韩国动画产业稳定发展，2009—2015年销售额年均增长率达3.7%，出口年均增长2.2%。（见表26）

表26　韩国近七年动画产业状况

年度	企业数（家）	雇员数（人）	销售额（韩百元万）	增值额（韩百元万）	增值率（%）	出口（千美元）	进口（千美元）
2009 年	289	4,170	418,570	175,213	41.90	89,651	7,397
2010 年	308	4,349	514,399	217,101	42.20	96,827	6,951
2011 年	341	4,646	528,551	223,109	42.20	115,941	6,896
2012 年	341	4,503	521,005	219,999	42.20	112,542	6,261
2013 年	342	4,502	520,510	219,232	42.10	109,845	6,571
2014 年	350	4,505	560,248	221,750	39.58	115,652	6,825
2015 年	376	4,728	610,200	218,200	35.75	126,570	7,010
上年增减率(%)	7.4	5.0	8.9	▽ 1.6	▽ 0.2	9.4	2.7
年均增减率(%)	2.5	0.4	3.7	5.8	▽ 0.6	2.2	0.4

（数据来源：韩国动画产业白皮书2016）

目前，世界动画市场出现两大趋势：一种是美国为代表利用大规模资金，结合先进技术打造大制作动画电影，一种是以日本为代表运用较少资金瞄准市场机会生产小制作。韩国在动漫制作机制上逐步实现了从之前"以集体制作为中心"向目前"以个人制作为中心"的转变，强调创新性；在技术上，着力应用产业新技术（CT），借鉴日本和美国等动漫产业发达国家的技术与制作经验；在学习中创新，注意将动漫制作与本国优势产业相结合。动画产业属于资金和技术密集型产业，为解决企业筹资困难，在投资模式上，韩国的动漫产业也形成了公司创业投资、文化产业投资基金、风险投资基金、政府投资（包括文化产业振兴院和各地方政府）、民间投资（包括玩具公司、广播电视、互联网平台公司、出版社等关联企业）、海外战略投资等多种投资组合。

　　按照产业国际惯例，动漫市场一般可以分为三个层次：第一层是动漫产品本身的播出市场，第二层是动漫授权相关图书和影像制品的市场，第三层是动漫形象的衍生产品市场。其中，最后一个层次的周期最长，市场反响更为深远，形成一整套完整的产业链。动漫产业从市场调研到节目策划、创作、制作、播出，从衍生产品的设计、开发到营销，是一个完整的系统。如果该系统不完善，产业就不能良性循环。韩国动漫产业链的打造也经历了一个逐步完善的过程，2000年前韩国动漫产业主要通过电视、电影院的播放进行盈利。进入21世纪后，随着产业形态的变化逐渐产生了新的盈利渠道，如智能电视、地面电视、卫星电视等市场不断拓展。目前，韩国的动漫产业已形成了OSMU[①]的代表模式，其主要收入结构为：动画片播放收入占10%~20%，其他衍生收入占到80%~90%，通过动画片形象授权在各种行业开展业务，如电影、电视、音乐、动漫主题公园、开发游戏、举办展览、出口版权等衍生品，开发多种多样的盈利窗口，运作相关产业项目，以更好地改变动画产业结构，使动画产业获得更大的发展空间。（见图4）

图 4　韩国动漫产业链示意图

---

① OSMU 是英文 One Source Multi Use 的缩写，意为 "一个来源，多个用途"。一个来源就是创意题材，多个用途是在项目管理中划分出电影、电视剧、游戏、动画制作、漫画出版、形象产品、音乐、舞台活动、明星等多个子项目。这些子项目各自独立又紧密联系，在投资、上市时间、宣传推广计划上互相配合，互相推进。在这种运作模式下，一个创意就可以形成一条产品链。

目前，韩国动漫产业同样面临着不少挑战：国内小规模市场内的过度竞争使中小企业处境维艰；儿童动漫产品开发相对饱和，成人动漫产品开发则不足；动漫推介平台还是以电视台和主流媒体广告为主，小公司如果缺少与大企业合作的渠道，往往缺乏产品展销的路径，发展受到限制等。目前，随着新型文化产业业态不断登场，新产品开发和消费群体的增长也给动漫产业带来了前所未有的发展机遇。伴随播放平台和播放媒体的多样化及影像产品销售额的增加，韩国政府对本土动漫的政策及法规方面支持力度也在加强。另外，随着当代全球化合作进程的不断推进，动漫业界国际协作的便捷性不断提高，许多韩国动漫公司从作品企划阶段起就注重国际协作，利用不同国家的优势来缩减制作经费，如采取与国外公司一起制作或者部分外包的方式，产品开发计划和目标明确，多方面开拓国内外市场。为实现利润，越来越多的动漫公司从企划阶段起，就注重将动漫产品与游戏、玩具等结合，尽量拓展产业链的长度，争取利润最大化。

2011-2013年，韩国动漫文化产品最大的出口地区是美国，占对外输出的54.9%。其次是欧洲和日本，分别占22.9%和18.2%。（见表27）对韩国的动漫企业来说，出口到中国的动漫产品份额与庞大的中国动漫市场规模不成比例，中国市场尚属于等待开拓的"新市场"。2016年中韩自贸协定生效后，韩国动漫界期待两国在动漫领域的合作能够进一步开拓中国市场，扩大份额。对中国动漫产业界来说，可以借助韩国公司成熟的管理经验和营销网络，由两国协作共同策划开发产品，双方共同完成初期的创意和市场调研；在制作阶段由韩国公司进行质量管理，利用中国完善的动漫制作基础设施和韩国相关技术进行制作，并优先开拓中国市场。

表27 韩国游戏产业分地区出口额状况（单位：千美元）

地区	2011 年	2012 年	2013 年	比重（%）	上年增减率（%）	年均增减率（%）
中国	1,659	1,712	1,603	1.5	▽ 6.4	▽ 1.7
日本	21,688	21,688	19,969	18.2	▽ 6.8	▽ 4.0
东南亚	1,183	1,235	1,185	1.1	▽ 4.0	0.1
北美	59,397	59,167	60,355	54.9	2.0	0.8

欧洲	28,556	25,433	25,144	22.9	▽ 1.1	▽ 6.2
其他	3,458	3,574	1,589	1.4	▽ 5	▽ 32.2
合计	115,941	112,542	109,845	100.0	▽ 2.4	▽ 2.7

（数据来源：韩国内容产业白皮书 2014）

第五节　韩国音乐产业分析

韩国的流行音乐（K-pop），包括有舞曲、现代节奏蓝调、流行电音、嘻哈音乐等。在 K-pop 形成早期，歌曲大都节奏比较快而且节奏感强烈，适于跳舞。歌手演出时往往都边唱边跳，将歌唱与舞蹈结合是 K-pop 世界范围内受到欢迎的一个重要因素。由于韩国电视剧在全球范围内广为传播，韩剧中的一些主题曲或插曲也随之流行起来，其中大部分是一些以唯美爱情或亲情等为主题的歌曲。所以，韩国的流行音乐开始逐渐趋向柔和抒情，其特有抒情成分形成了 K-pop 现今的主要风格。随着国际多元文化发展和"新世代"青年审美趣味的变化，韩国的流行音乐逐渐转向"无厘头""Soul""Pop""Rap""Hip-hop"等多类型风格。音乐无国界，在所有的文化产品中音乐是最容易被跨文化接受的，因此也最容易取得成果，如今韩国流行乐（K-pop）已经成功走向世界，成为"韩流"产业向外拓展的先锋和主力之一，为"韩流"在世界范围内的传播接受做出重要的贡献。韩国文化产业交流财团根据调查结果表示，韩国流行音乐（K-pop）已经取代 IT 产业成为韩国的代表形象。韩国流行音乐界产生了包括"少女时代""东方神起""BigBang""防弹少年团""EXO"等许多歌手组合，一些组合在全球已经卖出了上千万张专辑，并在亚洲一些地区卖出了数百万张演唱会门票。自"鸟叔"（Spy）的《江南 Style》红遍全球后，韩国流行音乐（K-pop）迎来了爆发期，出口额从 2008 年的 0.16 亿美元，增长到 2013 年的 2.77 亿美元，显示出迅猛增长的态势。

2013 年，音乐行业的从业企业数达到 36863 家，从业人数为 77456 名，比

2012年有小幅缩减，销售额约为42771亿韩元，出口额为2.77亿美元，进口额约为0.13亿美元。音乐行业的从业企业数从2009年的38259家，到2013年为36863家，出现了小幅降低，每年平均减少0.9%。行业从业人数则每年平均增长0.3%，销售额每年平均增加11.8%。（见表28）据文化产业振兴院测算，尽管受到唱片需求减少的影响，但在线音乐和数字音乐的需求仍将大幅增长，此外，海外音乐演出市场也会强势增长，未来五年的世界音乐市场规模仍会保持年均0.8%的规模增长，到2019年将达到476亿美元。

表28　韩国近五年音乐产业状况

年度	企业数（家）	雇员数（人）	销售额（韩百元万）	增值额（韩百元万）	增值率（%）	出口（千美元）	进口（千美元）
2009 年	38,259	76,539	2,740,753	1,022,766	37.3	31,269	11,936
2010 年	37,634	76,654	2,959,143	1,142,896	38.6	83,262	10,337
2011 年	37,774	78,181	3,817,460	1,597,663	41.9	196,113	12,541
2012 年	37,116	78,402	3,994,925	1,663,764	41.7	235,097	12,993
2013 年	36,863	77,456	4,277,164	1,704,877	39.9	277,328	12,961
上年增减率（%）	▽ 0.7	▽ 1.2	7.1	2.5	–	18.0	▽ 0.2
年均增减率（%）	▽ 0.9	0.3	11.8	13.6	–	72.6	2.1

（数据来源：韩国内容产业白皮书2014）

为改善韩国音乐市场结构，2003年韩国文化观光部和韩国文化产业振兴院从政府角度制定了"音乐产业振兴五年规划"，调整了《文化产业振兴基本法》《公演法》《唱片、录像带暨游戏制品法》，建立音乐产业基础平台，培养专门人才，搞活音乐内容的制作，建立市场营销的现代化基础，发布音乐产业白皮书。保护音乐版权，政府统一集中进行版权管理，实现音乐内容的标准化和音乐产业基础音乐内容的共有，改善音乐产业内部交易关系，打破了长期以来音乐系统小规模化的状态，着力构筑音乐产品透明收费和发行网络体系，开拓在线音乐和移动音乐市场。

为了支持音乐创作内容和题材的多样化，政府选定独立音乐品牌公司和单曲进行培养扶持。同时为扩大音乐海外市场竞争力，政府对参加海外展示会、海外音乐节庆，开办海外音乐展示会、海外音乐节目的播放以及出口唱片予以经费支持，战略性地开拓海外音乐市场。通过综合支持政策，搞活了停滞的音乐产业。

2009年，韩国文化体育观光部制订《音乐产业振兴中期计划》，在2009—2013年间内由政府注资1275亿韩元，以推动韩国流行音乐产业（K-pop）的国际化和产业化。计划在2009年至2013年期间，将进一步加强音乐产业的国际合作，活跃国内流行音乐市场，建设扩充音乐基础设施等措施作为振兴韩国音乐产业的三大战略。同时，韩国政府还确定实施包括开拓亚洲音乐市场，支持独立及非主流音乐剧，加强版权管理，保护知识产权，培养全球化大众音乐人才和建立韩国音乐数据中心等在内的23个重点项目，作为实施三大战略的具体措施。2011-2013年韩国音乐产品出口年均增长率超过18%。（见表29）

当代韩国流行音乐已经形成了一套从选秀-培养-打造包装-推出-营销等完整高效的偶像音乐文化专业化生产流程，为"韩流"音乐的全球传播打下了坚实的基础。（见图5）韩国音乐制作为了全球性输出，特别重视根据不同市场针对性地进行制作。比如，为紧跟西方最新潮流，许多公司高薪聘请西方专业作曲家，融合Hip-hop和其他欧美流行音乐的特点，打造具有跨文化混合特征的音乐，如在高潮处用英语演唱，边唱边舞，配上动感音乐节奏等，不断针对年轻受众求新求异的特点开发新音乐作品。韩国娱乐公司采取多方位的营销方式，不仅跟当地的文化经纪人、文化营销公司合作，还跟YouTube等新兴社交媒体合作，大力在社交媒体YouTube上给K-pop聚集人气。当《江南Style》《Nobody》和《Sorry Sorry》在欧美流行的时候，多年培养的"粉丝"极大地促进了韩国流行音乐在当地的传播。

表29　韩国近三年音乐产业地区出口状况

地区	2011年	2012年	2013年	比重（%）	上年增长率（%）	年均增长率（%）
中国	6, 836	8, 806	10, 186	3.7	15.7	22.1
日本	157, 938	189, 512	221, 739	80.0	17.0	18.5
东南亚	25, 691	31, 146	38, 166	13.8	22.5	21.9
北美	587	857	1, 024	0.4	19.5	32.1

欧洲	4，632	4，231	4，827	1.7	14.1	2.1
其他	429	545	1，386	0.5	154.3	79.7
合计	196，113	235，097	277，328	100.0	18.0	18.9

（数据来源：韩国内容产业白皮书2014）

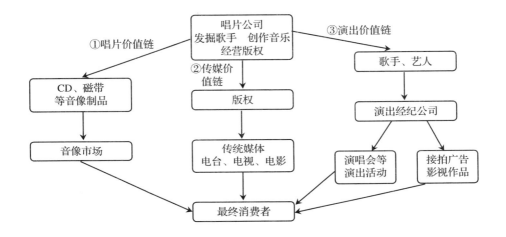

图5　韩国音乐产业链示意图

第四章

韩国文化产业竞争力分析

文化产业的竞争力体现在全球或区域市场文化产品的受欢迎程度。文化产业竞争力基于文化产业需求与供给活动的内在发展能力，包括文化内容的竞争力和文化产业活动的竞争力。竞争力体现在对文化产业各构成要素的完善程度及产业运行各环节的组织整合上。

第一节　韩国文化产业竞争力构成

韩国丰富的文化是其文化产业的资源基础。从文化产业的要素组成上看，文化产业需要各种要素。如果将文化产业看作文化工业的话，则需要某种"原料"来生产产品。文化产业的"原料"与传统产业不同，它的"原料"是有形和无形的文化，具体来说，一个民族、国家和地区传承、接受和利用的有形和无形文化"资源"都是文化产业的"原料"。文化资源具有地域性、民族性、多样性、流动性和共享性等特征。一般来说，一个国家和民族的文化历史越悠久，文化积淀越深厚，那么，该国文化产业发展可利用的资源就越丰富。但文化资源并不局限于本地区，它的流动性和文化资源的可塑性决定了文化产业可以利用接受的一切文化，包括异域文化、外来文化等，而且在当代社会这样一个全球化的时代，文化跨国流通的途径越来越多，文化交流和融合越来越多，文化资源的重要性越来越小。因此，文化资源只是文化产业竞争力的一个基础环节，"资源"的丰富与否跟文化产业竞争力的关系不成正比关系。虽然目前的产业强国都有丰富的文化资源，但并不能说明文化资源的多寡能够直接决定文化产业的竞争力。

韩国文化产业的核心是其丰富的、具有创新性的人才资源。文化产业常常被称为是"创意为王"的产业，文化产业所有的产品皆来自人的思想和创意。文化产品经由人通过思考、提炼、灵感、创意、加工而成，高度凝结着人的价值。因此，文化产业的竞争力体现在人力资源上，离开人才，如同无源之水、无本之木，任何文化产品和产业都无从谈起。文化产业的人力资源与其他产业的人力资源有根本的区别，它强调人的修养、技能、才华和与众不同的创新力；文化产业人才具有文化创新性、高知识性、丰富的想象力、高流动性和独特的思维方式等特征。这些人来源多元，根据所从事工作的性质被称为创意阶层。文化产业的竞争本质上就是人才的竞争，为此韩国政府极为注重人才建设，建立人才培育和引进、使用机制，把培养、引进人才作为产业发展最具战略性的工作重点进行。韩国文化产业所持有的人力资源的创造力从根本上决定了该地区文化产业的竞争力。

大量的资金投入是韩国文化产业的有效推动力。文化产品在创意和生产、营销环节必须由大量的资金投入来组织人力、物力。文化产业不仅是知识密集型产品，更是资金密集型产品，韩国拍摄影视剧等商业片动辄上亿美元。大量资金的支持是文化产业必需的，创意产品是否适合市场具有一定的偶然性，其成功更是与市场互动契合的结果。因此，需要大量的资金在创意项目处于萌芽阶段给予扶持，才能保障产业充分的成长空间；投资文化产业资金与普通投资不同，属于风险性较高的投资，几乎很难预测一件文化产品在市场是否受到欢迎、能否取得成功，即使成熟的大公司投资，虽然经过周密的调查和营销，但失败率也会超过一半。因此，文化产业既有大量的资金扶持，又有较为健全的风险控制机制。

"文化技术（Cultural Techonology）"是韩国文化产业重要的支撑。文化产业大量的创意能否实现，实现的效果如何，都需要技术的支持，尤其是信息技术、计算机技术等新科技的辅助。文化产业相关技术被称为文化技术，文化技术是指文化生产技术和能力，从广义来看有三方面，包括各类文化设备、文化资源，以及从事文化工作的劳动者的技能。文化技术可分为硬技术和软技术两部分。文化硬技术侧重于基础设施建设、机器、设备、工具等制造技术，文化软技术侧重于科技、软件、组织、宣传、服务等服务管理技术。文化技术贯穿于生产、流通和消费的各个环节当中，包括文化资源的素材收集收录、编辑加工、合成生产、传播宣传、消费体验等方面，涵盖了广播、电影、电视、出版、旅游、演出、节庆、会议、展览等各个行业。文化软技术、文化硬技术的适当结合、相互促进，才可以产生良好的经济效益和社会效益。目前，文化产业与新技术的融合度越来越高，技术进步使得文化企业的生产效率不断得以提高，文化产业新产品的开发也越来越依赖文化技术的更新，新技术、新设备与文化创意互相结合，不断创造出与以往截然不同的文化新产品，影响甚至决定了文化产品的价值。

　　概括而言，韩国文化产业的竞争力就体现在对上述文化要素的创新能力与转化能力，企业把文化资源与各种资本、技术、专利、人才、品牌等加以优化、整合、熔铸、提升，形成强大的文化产业生产力、传播力、影响力和消费力。作为地区市场主体的文化企业是否具有较强的创新精神和创新能力，以及产业要素整合力、市场营销扩张能力、优秀的成本控制能力和可持续发展能力，是地区文化产业竞争力的关键。随着文化企业的分工和聚集，一批具有竞争力的文化企业集群的出现，标志着一个地区文化产业竞争力的提升。韩国在 20 世纪末抓住了重要时机，在市场经济相对成熟的情况下，以战略性眼光确立了文化立国的国策，出台了支持文化产业发展的一系列政策措施，使产业要素迅速发育起来，韩国文化产业迅速成长并占据亚洲文化产业制高点。

第二节　韩国文化产业竞争力要素分析

韩国文化产业的竞争力迅速提高建立在其如下突出的优势要素之上。

一、多元融合的文化基础资源

从文化产业要素视角看，文化的产业化过程最重要的就是民族的综合文化底蕴。文化产业的发展与各国的文化特性、民族传统文化，包括基本的文化原形有重要关联。一个国家和民族的传统文化、文化原形如果跟现代的技术和创作手法有效链接，就可以爆发出巨大的文化产品创造力，成为促进文化产业发展最重要的动力。韩国在同周边国家数千年历史的交流过程中，形成了比较稳固的文化结构，在吸收外来文化时总要把外来文化纳入固有结构加以吸收和运用。韩国现代化的过程中所参照的文化系统主要是欧美的价值观和经济模式，但中国儒家文化在韩国导入的西方价值观和经济模式过程中，作为根深蒂固的力量深深地影响着韩国人的意识和行动。国家经济发展的质量取决于人口素质，人才密集是文化产业发达的根本原因，然而人口因素的培育离不开文化教育。韩国是一个善于学习的国家，善于向其他国家学习。他们一方面提倡世界化，另一方面又保护和弘扬以儒家文化为主体的传统文化。从人与人、人与集体之间的关系，到家国一体的爱国主义精神，儒家文化渗透于韩国社会深层。以儒家文化为基础的韩国精神及其思维模式，还强调人在社会中的关系，强调"群体内的和谐"与"群体外的竞争"密切结合，这种文化使得韩国国内社会政治稳定，又能在国际经济竞争中保持较高的发展速度。

韩国是接受孔子创立的儒家学说最早的国家之一，随着统治阶级的提倡，儒学逐渐成为国家统治思想，并走向本土化和大众化，成为韩国社会文化的基本结构。儒家文化在本质上是一种伦理与价值体系。可以说，儒家文化是影响韩国现代化的一个重要文化因素。当代儒家文化价值在东亚各国均产生不同程度的变化，在制度上、规范上、价值观念上影响日渐衰弱，但在韩国国民精神中，儒家价值观念还保持着支配的性格。韩国高丽大学编写的《韩国民俗大观》序言中说："至今，儒教在韩国社会中也占有绝对的比重，事实上，儒教不仅仅改变了人的思想和性格，而且使社会构造、习惯、制度也发生了大的变化。所以，在当今现代化、西洋化的风潮中，韩国仍然是一个家长制、血缘主义最强的社会。韩国所具备的纯韩国人式的性格、思维方式、行为规范皆以此为准绳。儒教至今仍深深扎根于我们社会的基底。"[1]在韩国社

---

① 参见洪一植:《韩国民俗大观》，高丽大学民俗文化研究所，1982年版1卷。

会所通行的伦理道德原则基本上以儒家文化为价值标准。

儒家文化重视人与人之间的和谐、诚信，提倡个人道德修养的自律精神，有助于形成市场经济所必需的诚信道德规范。除法律外，市场经济还需要建立一套以社会风俗和价值观念为基础的自律性道德规范，以降低全社会的交易成本。儒家所提倡的诚实、守信、"不偏不倚""己所不欲，勿施于人"等道德伦理，符合市场经济的基本道德规范。儒家文化所浸透的韩国的市场经济则更重视人际关系的作用，可称为"关系型市场社会"，人际关系成为从事经济活动时的重要资源。现代韩国人的价值观和行为方式仍以家庭生活和家族为主。大家庭的需要先于个人的需要，这是韩国家庭制度，特别是韩国传统大家庭制度的本质特点所在。家庭关系这些特点有利于社会稳定的维系，促进社会经济可持续发展。儒家伦理对韩国政府和企业的现代管理制度，包括韩国企业内部人际关系具有深刻的影响。同时，儒家文化对韩国社会均等也起了一定的作用，儒家文化中"修齐治平""奉公灭私""经世济民"的观念，在市场经济环境下，经过韩国现代意识的改造，转化为孕育企业家阶层的精神源泉。在韩国成功的企业家身上，大多可以看到，一种已远远超越了单纯追逐利润为目的的社会责任感和儒家的创业传统精神。韩国文化的复合性特征使其具有相对的文化竞争优势，经过适当改造即可以适应不同文化市场的需求。

文化产业的竞争是内容和创意的竞争，内容的民族性和世界性的结合的特点。当代世界的流行文化主要是消费文化。消费文化追求消费的炫耀性、奢侈性和新奇性，追求无节制的物质享受、消遣与享乐主义，以此求得个人的满足。在消费社会，物质商品中渗入了越来越多的非物质文化因素，商品的外观设计、包装、广告等在商品生产中占据了越来越重要的位置，甚至在商品构成中起着支配性的作用，直接制约着商品的生产、销售和消费等各个环节。与商品的非物质化相联系的是，文化符号体系和视觉形象的生产对于控制和操纵消费趣味与消费时尚发挥了越来越重要的影响。当今消费已经转化为一种意识形态意义的美学消费。消费领域的广告系统、时尚系统、商品设计和产品包装等手段的应用，充分调动了消费者所关注的文化意义、目标、价值、观念、理想等文化资源，并使商品同这种文化资源相结合，使商品成为能够强烈吸引消费者注意的符合文化意义的象征符号。在此种意义上，一切的消费都可归结为某种文化产品的消费。

韩国在快速实现现代化的过程中很好地保存了传统文化，并将传统文化元素与现代西方文化融合起来，既具有东方传统文化魅力，又有西方现代文化特点，两者构成一种独特的文化形态。韩国当代文化产业就是努力发掘传统文化元素，并把传统的儒家文化背景与现代都市消费生活结合起来，通过文化产品把浪漫、奇异、欲望、美丽、满足、归属感、科学进步和好生活"粘"到推销的商品上，如此打造过的文化产品既具有传统魅力，又富有时代特点，适应了当今世界消费文化崛起的趋势。"韩国文化"在世界范围内广泛传播的秘诀之一，便是用现代和时尚的元素将传统元素加以包装，达到传统和现代的巧妙融合。

二、全面强力的政策支持

韩国文化产业是基于韩国的社会和文化特点，在政府大力支持后逐渐发展起来的。政策支持是韩国文化产业的强大后盾，体现了其国家的意志。政府的计划力和执行力是其产业重要的动能。

1998年，时任韩国总统金大中提出"文化立国"战略，希望通过文化产业拯救金融危机之后的韩国经济，摆脱资源匮乏的限制。韩国陆续出台了《国民政府的新文化政策》《文化产业促进法》《文化产业发展五年规划》《21世纪文化产业的设想》等法律政策；明确提出了文化产业发展战略和中长期发展计划，从优化文化产业发展环境，设立文化产业振兴基金，建立国家级尖端文化产业基地，形成集约化、规模化的产业经营，以及强化外向型产品等方面为文化产业提供法律政策支持。之后，从卢武铉、李明博到朴槿惠的历届政府都将文化立国作为基本国策执行下来，韩国先后颁布了《文化产业振兴基本法》等多部法律法规，涉及创业投资、知识产权、人才培养和促进就业多个文化产业的关键领域。韩国还专门成立了系统支持文化产业的专门机构——文化产业振兴院（KOCCA）。文化产业振兴院成立于2001年8月，原为"文化产业支援中心"，后来将分散的与电视节目、游戏、动漫等文化产业相关的五大机构合并成一体，成为一个文化产业的综合支援系统。通过文化内容出口的产业化，实现创意文化产业强国的目标。文化产业振兴院主要负责文化产业培养政策的制定，文化内容创作基地的建设，支援文化产品的对外出口和营销，培养文化产业专门人才，开发有关文化内容的各种技术，以及文化产业有关项目的投资或融资等。从中可看出，其打通行业壁垒、向海外推广韩国文化产业核心行业的职能定位。作为国家一级的政府机构，文化产业振兴院在韩国文化产业的发展过程中起到了极为重要的作用。它将分散的文化企业聚合起来，与国家意志相配合，通过有力的措施将韩国文化产品推广到国外市场。目前，文化产业振兴院已经在中、日、美、英等十几个国家和地区设立了办事处，建成横跨亚洲、欧洲和北美等主要市场的联络体系，构筑起覆盖海外主要市场的营销网络，成为韩国文化产品海外推介和国际文化交流的重要力量。文化产业振兴院虽是政府机构，但却是切切实实为民间企业服务的"公仆"机构。在每年的政府财政预算中，关于文化产业的预算超过了 1％。它每年都会获得政府 5000 万美元的全额拨款，主要用于对民间文化产品的孵化、风险投资，以及提供平台和支持中小企业发展等。政府扶持规模10年扩大 5倍。电视剧、电影、音乐（主要是 K‐pop）、游戏、动漫是最为重点的领域。从韩国文化产业出口份额来看，游戏产业占比最大，超过 50%；音乐等其他方面各占 5%~10%。近五年最大的对象国是中国、日本等亚洲国家和地区，但近年来针对欧美的出口也多起来。韩国政府恪守市场守护者的角色，只着力为企业打造公平的市场环境，为企业提供各类资源，不干涉企业具体的经营活动，尽量引导和利用民间的资本和力量，让民间自由发展。文化产业振兴院成立十多年来，对文化产业的促进、繁荣、推广、营销起到了极为重要的作用。

此外，韩国还制订了文化产业发展"五年计划""文化产业前景""文化产业发展推进计划"等长远总体发展规划，分阶段有步骤地发展文化产业，并为具体文化产业各个行业制订了《广播电视产业振兴计划》《数字时代广播电视产业振兴计划》《广播电视产业振兴五年计划》《音乐产业振兴五年计划》《卡通形象产业振兴五年计划》《漫画产业振兴五年计划》《游戏产业振兴五年计划》等规划，实施具体措施推进产业发展，制定或修改了《著作权法》《影像振兴基本法》《电影振兴法》《演出法》《广播法》《唱片录影带暨游戏制品法》

《游戏产业振兴法》《地区报业发展支持特别法》等，一系列政策法规的制定和有效施行为产业发展保驾护航。

不仅法律健全，而且执行严格。韩国在著作权方面的保护也在一定程度上帮助韩国文化产业渡过危机。对知识产权的保护实际上是对个人创造力的保护，也是对从事创意产品开发生产的企业效益的保障。大部分新的文化产品要在市场上获得收益，如不能严格对创作者的权利进行保护，会极大地伤害文化产业的创新力。随着互联网的普及，许多文化产品都将互联网作为重要的新市场，依靠网络和移动载体收回成本，而现在的文化产品投资越来越大，过程中如果没有法律保护，将给企业造成非常大的损失。基于此，韩国非常重视创作者的著作权保护。韩国 IT 产业发展比较快，网络速度加快，互联网在世界处于前列，资源非常丰富，比较容易看大容量的视频和各类文化产品。韩国关于互联网知识产权方面的立法和执法非常全面和严格。韩国每一年都修改版权法，2014年修改的主要内容是关于保护互联网版权的法律。用户如果在互联网侵犯著作权，被三次警告之后，可以强制关闭页面。上传用户三次警告不听劝，可以关闭其 ID。如果用于营利目的则可能受到更严厉的惩罚。

三、充沛的资金支持

（一）财政支持政策

韩国政府不断完善财政支持机制，为文化产业提供资金方面的支持。财政支持具有三方面特点：第一，政府资助的重点首先是公益性文化领域。财政资金重点投向严肃艺术、国家重点艺术团体、高水平的文艺项目。第二，重点支持中小文化创意企业。政府组建各类创意孵化基金，对中小文化创意企业、个体从业者提供金融或资金援助，建立各级别文化产业资金支援机构的信息库；政府部门对中小企业文化产品研发、制作、经销、出口等环节实施系统性扶持。第三，完善财政支持系统，政府通过多方融资、提供财政支持、奖励投资、成立风险基金、提供贷款及区域财务论坛等方式为企业建立完善的财务支持系统。

为支持文化产业发展，韩国政府逐渐加大文化产业的国家预算。1998年的全国文化产业预算仅为168亿韩元，2005年以后迅速增长到2000亿韩元左右，（见表30）而到2011年猛增到3.3万亿韩元，占文化事业总预算的比例由3.5%增长到约17.9%。2014年，韩国政府文化相关预算达到5.3万亿韩元，约占国家财政总预算的1.49%。2013年组建的朴槿惠政府提出，文化产业预算年均增长率要达到11.7%，争取到2017年实现文化财政占国家财政总预算2%的目标。此外，国家设立多种专项基金，扶持文化相关产业的发展，如文艺振兴基金、文化产业振兴基金、信息化促进基金、广播发展基金、电影振兴基金、出版振兴基金等。政府积极运作"文化产业专门投资组合"，以动员社会资金投入为主，采取官民共同融投资的运作方式。政府进一步完善有关文化经济政策，利用税收、信贷等经济杠杆促进文化产业投资。

表30　韩国2004-2008年文化产业支持资金（单位：亿韩元）

项目	2004年	2005年	2006年	2007年	2008年
基本育成	199	223	289	65	419
出版					147
媒体	291	340	798	498	283
传播	252	319	337	254	167
动画	38	45	61	70	53
游戏			151	146	158
音乐	212	232	30	27	27
广告	160	214	88	131	101
个性化商品	573	528	445	710	494
著作权			64	75	190
合计	1，725	1，911	2，253	1，977	2，066

（数据来源：韩国文化产业振兴院2009内容产业统计报告）

此外，政府每年还会拨出5000亿韩元的文化产业基金，主要用于人才培育、创业企业金融扶植及企业进军海外市场推广的支持。国家拨款主要是作为种子基金，可以主要靠民间资本投资。文化产业高风险高回报，2014年政府力图摆脱负面的社会观念及其他阻碍创意产业发展的因素，投资3.3万亿韩元（29 亿美元），一方面用于为创业者提供资金支持，另一方面用来缓解创业中出现的投资失败情况。通过建立良性发展平台，政府希望未来五年内创业者可以吸引 10.6 万亿韩元的投资。此外，政府还将为投资者提供税收减免和其他激励措施，并引入大众融资平台。

2014 年 7 月，韩国政府启动了 Korea New Exchange 项目，方便创业者和投资商之间进行交流，加快资金流动，不仅允许创业者利用投资扩大规模，同时也允许投资者收回以往投资并把资金投入新兴的科技企业中。韩国文化体育观光部还推出"韩国内容实验室"项目，扶持文化产业发展。依据项目提议，文化体育观光部将筹集资金，为游戏、音乐、动画、电影和音乐剧五大领域提供项目孵化服务。此外，还提供包括产业培训、市场营销咨询等领域的服务。

（二）金融支持政策

文化产业作为高附加值产业，对其他产业产生的经济拉动效果非常显著。但文化产业的特点决定了行业内大量中小企业占主体，这些中小文化企业具有较强的创新力和活力，是文化产业的活力之源和创新之源。据文化振兴院统计，韩国文化产业企业多为中小企业，其中销售金额不到 10 亿韩元的公司数量占企业总数的 91.4%，从业者未满 10 人的企业则占 93.4%。

这些中小企业容纳了大量的就业人口，基于"内容产业"市场的风险特性，文化产品市场变动快，充满各种不确定性因素，预期收入实现的不确定性很大。而中小企业可以作为担保的资产比重比较低，因而中小文化企业在筹集资金方面困难重重，往往面临较大的资金缺口。针对这种情况，韩国政府从宏观层面出台了不少措施试图解决文化企业融资难的问题。如建立产业基础基金，制定融资担保制度，为企业等提供针对性的金融支援等。

建立产业母基金。1999 年，随着韩国出台《文化产业振兴基本法》后，文化产业振兴基金应运而生，从 1999 年至 2006 年间，为推动韩国文化产业发展起到了一定的作用。然而，鉴于该基金对国家财政拨款的依赖性强等原因，政府于 2006 年终止运营这一基金。2005 年，韩国政府推出名为"韩国母基金（Korea Fund of Funds）"的基金项目，运营期限为 30 年，专门设立文化账户。母基金（Fund of Funds）不直接进行企业投资，而是投资各类别的子基金。通过各类子基金来管理投资风险。韩国母基金由韩国风险投资公司运营，到

2015年为止，母基金资金池已达22302亿韩元，该基金由不同部门出资组成，其中中小企业厅下属的中小企业振兴管理会13191亿韩元，文化体育观光部4661亿韩元，专利厅1600亿韩元，电影振兴委员会520亿韩元，未来创造科学部1100亿韩元，保健基金会800亿韩元，地方账户100亿韩元，文化体育观光部130亿韩元，体育基金会200亿韩元。母基金投资特别活跃的类别是文化产业及电影子基金，从2006年到2015年这两个子基金共组建了66个基金组合。基金规模达14166亿韩元，该子基金已经向演艺、游戏、电影、电视剧、CG／3D、网络／手机等文化产业领域投资。已先后向2500家企业及项目投资约16859亿韩元，而仅仅对电影投资就达9348亿韩元，占55.45%的高比重，极大地推动了韩国本土电影产业的发展。

实施金融担保制度。文化产业是以创意性和想象力为基础的产业。因此，文化创意企业拥有最大的资产就是无形的创意和相关的制作技术等。如网络游戏、电影、电视剧、动画片、漫画形象、移动游戏等包含大量的无形创意和技术资产，这些无形资产具有资本的价值。内容价值评价是对文化企业产品进行的价值评价，但由于文化产业的不确定性，有可能会因为价值评价有误而导致投资者损失，因而价值评价要由国家主导，以提高可信度。韩国的"完成担保制度"是政府为中小文化产业公司融资提供的信用担保服务。政府对企业在设定的时间和预算计划的范围内完成内容生产，并向发行公司交货的能力进行评估，并将企业的无形创意资本化，这一担保制度引进韩国后，对中小文化产业公司发展起到了积极的促进作用。2009年文化体育观光部、技术信用担保基金（KTCGF）、韩国文化振兴院等与国民银行（Kookmin Bank）韩国进出口银行（Export-Import Bank of Korea）等签订了《完成担保制度及文化信息价值评估业务协定》。2011年韩国企业银行（Industrial Bank of Korea）、友利银行（Woori Bank）、韩亚银行（Hana Bank）等银行先后签订了《完成保证业务协议》，扩大制度实行范围。

文化体育观光部与韩国技术信用担保基金（Korea Technology Credit Guarantee Fund，简称KTCGF）签订业务协议，该基金拥有独立的中小企业评级体系，为所有质量较好的中小企业向银行贷款提供担保。KTCGF则主要为高技术文化产业中小企业或风险企业提供信用担保，技术信用担保基金审查及评估企业文化项目，在可贷款额度的 95% 限度内发放担保书，协议银行通过发放的担保书提供担保贷款。

近年来，担保基金为促进中小文化企业融资，简化了申请程序，申请金额为 5 亿韩元以下的广播电视剧、综艺、电视节目等项目可以省略担保推荐委员会的审查程序，根据技术评价等级，符合条件的项目，可以支持制作费用的 70%。执行保证支援管理机构的韩国文化振兴院，下设的担保推荐委员会负责审查企业项目，提供支援，并保证作品的完成。

积极招商引资。为了搞活文化产业的投资氛围，韩国政府积极推进各种扶持政策，改善文化产业投资环境。为加强中小文化企业投资吸引力，吸引金融机构投资，文化产业振兴院积极搭建各类平台，举办国内外招商引资说明会，向金融机构提供文化产业和企业信息，使金融机构和投资者能够迅速了解文化企业的投资价值和前景。此外，根据文化产业振兴法，于 2013 年 11 月成立了韩国文化产业协会；协会向有需要的中小文化企业提供必要的制作、开发及运营资金，并为中小文化企业提供贷款担保、债务担保等金融援助。

（三）税收支持政策

韩国税制以直接税为主，间接税为辅，实行中央与地方分税管理，主要税种包括个人所得税、公司税、赠予税、购置税、公共设施税等。韩国支持文化产业发展的主要税收制度包括[①]：

流转税。在增值税方面，韩国规定：企业购进的与文化产品相关的货物与劳务的进项税额允许抵扣；政府认可的文化学院、培训中心、教育中心等文化教育机构用于教学实践的仪器、设备免征增值税；影视发行公司和影视院线可享受增值税额 3% 范围内的减免优惠。在关税方面，出口的文化产品和文化服务适用零税率；进口国内缺乏的用于文化教育、科研等方面的仪器免征进口关税。

所得税。在公司所得税方面，外国非居民高新文化企业自设立之日起 6 年内免征 50% 的所得税；投资影视产业、动漫产业、数字技术等文化项目的法人企业可享受 3% 的优惠税率；对年营业所得在 1000 万韩元以下的小型文

---

① 参见张世君、王燕燕：韩国文化产业的税收制度，《税务研究》，2015 年第 8 期。

化企业，按9%的优惠税率计征公司所得税；新创立的文化企业前4年内按应纳所得税额10%缴纳公司所得税，第5年为40%，第6年为70%，自第7年起全额征税；本国文化企业在国外缴纳的所得税可以在韩国抵免，不足抵免的部分，可在5年内结转抵免；本国文化企业的国外来源所得，如果在国外享受免税待遇的，则在税收协定允许的范围内，可以进行税收饶让；对文化企业的退休准备金、坏账准备金、负债准备金、应急准备金、利息准备金及企业通过非营利性机构向文化、教育部门的捐赠，也都规定了允许税前扣除的优惠措施。在个人所得税方面，对在国内文化企业工作的外籍雇员免征5年的个人所得税；对经政府部门认可的文化、体育、科技、教育方面的奖励免征个人所得税；家庭总收入在1500万韩元以下的文化专业人才和年收入在482万韩元以下的文化产业从业人员免征个人所得税。

财产税。财产税是指以纳税人所有或由其支配的财产为课税对象的一类税收，主要包括不动产所得税、综合土地税等税种。韩国规定对新设中小文化企业免征不动产所得税，符合特定条件的文化企业除享受2年内减免75%的不动产所得税优惠外，还可以在5年内免缴综合土地税。

行为税。在韩国，与文化产业相关的行为税主要有教育税、交通税等。在教育税方面，对政府认可的用于培养文化服务类专门人才的学院、培训中心、教育中心等教育机构免征教育税。在交通税方面，对高新文化企业的车辆以及文化艺术传播院校的车辆免征交通税。

与欧美等文化产业发达的国家相比，韩国支持文化产业的税收制度也丝毫不落后，在个人所得税方面税率更低，从而大大减轻了文化产业企业和从业者的税负，对企业和从业者起到了良好的效果。

文化税收制度体系逐渐完善。从前述资料看，韩国已形成了相对完善的支持文化产业发展的税收制度体系，其根据本国税制特点并结合文化产业发展的需要，对关涉所得税、流转税、财产税、行为税等几大税类的十多个税种都制定了相对应的税收制度。同时，韩国还针对本国文化产业的特点，突出自身优势行业，根据与文化产业相关的各个行业的不同需求，有区别地做出相关规定，并对符合条件的中小文化创意企业规定了较为优厚的税收优惠。

税收激励作用明显。韩国在制定支持文化产业发展的税收制度时，充分考虑到人力对推动产业发展的突出作用，对享受税收优惠的文化产业从业人员进行了明确规定，包括享受个人所得税优惠的从业人员的具体范围、优惠力度、优惠方式等。支持文化创意企业发展的税收优惠政策也规定采用以减免所得税、降低税率类的直接优惠方式与抵免类的间接优惠方式相结合的多种税收优惠模式，税率优惠幅度较大，激励作用明显。

对捐赠活动给予税收优惠和激励。为充分鼓励社会闲置资金支持文化产业发展，韩国对有关文化产业的捐赠，规定了较为细致的税收激励措施。在公司所得税方面，对法人企业发生的文化产业领域的捐赠或者低价转让，允许税前扣除或者减免征收；在个人所得税方面，对个人发生的向非营利文化机构的捐赠及对文化产业的资助等，规定了税前扣除、税收减免等优惠政策。

税法调控覆盖教育和培训领域。为进一步促进文化产业发展，韩国政府突出税法规范在教育、培训等领域的引领作用。例如，对政府认可的培养文化服务型专门人才的学院、培训中心、教育中心等教育机构免征教育税；对高新文化企业和文化艺术传播院校的车辆免征交通税；对政府认可的文化学院、培训中心、教育中心等文化教育机构免征增值税；对进口国内缺乏而又不能生产的用于文化教育、科研等方面的仪器，免征进口关税。

四、人力资源开发

文化产业作为一种智慧产业，人力资源是第一位的资源，人才是文化产业的核心要素。从狭义上讲，文化产业人才包括创意人才、技术人才、创意经营人才、创意管理人才，也包括具有创意且善于经营管理的综合性人才等。创意产业人才与传统产业人才相比而言，具有以下特点：富于想象力和创新力，乐于接受有创意性和挑战性的工作；不愿意接受各种规章制度条条框框的束缚，倾向于宽松自在和公平竞争的工作环境；具有较强的工作流动性，主动寻求适合个人创意能力发挥的环境。通常讲的文化创意人才是以自主知识产权为核心、以头脑服务为特征、以专业或特殊技能为手段的专业人才。

人才是发展文化产业的重要支撑要素，文化产业链的各个环节都要有人才、技术和资本的支撑，尤其是创意人才的支撑，文化产业较其他产业对人才的要求更高，需求也更大。一些国家和地区直接将文化产业称为"创意产业"或者"内容产业"，足见"创意"在文化产业中的核心地位。因此，从根本上讲，国家或地区文化产业的竞争力来自其文化人才的竞争力，"文化产业"的较量就是创意人才的较量。韩国政府充分认识到这一点，通过汲取其他产业部门的成功经验，政府制定充分、完善的人才政策，建立人才培养和使用机制。特别是在人才的培养方面，怎样去培养文化产业的专业人才，培养出来的人才怎样投入文化产业上去；国家财政上如何去资助，怎样去拨款，如何去筹备，财政投入资金怎么使用和监督，都形成了一套比较成熟的模式。

目前，韩国对文化产业创意人才的培养主要包含四方面：产业从业者再教育、预备专业人才教育、潜在人才基础教育和核心人才专业教育，其中以产业从业者再教育为培养重心。政府将人才培养计划列入施政规划中，平均每年培养数千名各类别文化产业高级人才。另外，政府每年还会选拔近千家高级人才专业企业，向企业提供各种扶持及减税等政策。韩国政府先后投入巨额资金，以培养产业复合型人才为目标，重点进行影视、动漫、游戏、广播影像等产业领域内高级人才的培养。同时，加强艺术学科的实用性教育，扩大文化产业从业者与艺术家之间的交流合作，强化经营人才的教育与培训，形成产学研相结合的人才支持体系。为加快急需人才培养，韩国文化产业振兴院设立了网络教育学院，开设数十个文化产业紧缺专业，自2003年以来，共培养了上万名急需的文化产业实用人才。此外，韩国政府委托院校与企业之间联合，通过校企联合的方式开展文化产业实用培训，专业化的人才培养体系为文化产业人才队伍建设提供了重要支持。为了吸引海外人才汇聚，韩国政府重点加强对美日欧等文化产业强国人才的吸引，拓展企业和人员的国际交流与合作渠道，引进国际文化资本和创意企业，通过国际化战略整体提高文化产业的国际经济地位和竞争力。

近年来，韩国不断加强艺术学科的实用性和实务性教育，扩大文化产业界与艺术教育界之间的交流合作。韩国教育发达，尽管全国人口只有5000多万，但有超过200所综合性大学设有文化产业相关专业。韩国政府特别重视通过高校资源所培养的高级创意人才和管理人才。政府投入资金在高校或研究机构实施各类人才培养工程，建立人才培训基地，其中投入较多的是创意专业人才基地。近十多年的产业发展，对文化创意人才的需求促使高等教育界迅速回应，多所专门的文化产业人才培养高校和科研机构相继成立，如首尔游戏学院、江南动漫学院、全州文化产业大学、西江大学游戏学院、清江文化产业大学、网络信息学院、大邱文化开发中心、传统文化学校等，一些国立大学也相继开设了文化产业相关专业。据统计，各类学校开设的文化产业专业多达近百余种。经过十多年的人才政策的实施，韩国汇集了一大批精通产业创意、经营、运作、营销且梯队合理的人才群体。2011年，韩国文化产业从业人数约为55万人，其中游戏产业从业人数为9.5万人，广播电视产业为3.8万人，音乐产业为7.8万人，电影产业为2.9万人，动漫产业为0.46万人。韩国政府认为"韩流"之所以能够提供高附加值的根本原因在于人才的创造力，人才和智慧是"韩流"品牌能够持续发展的原动力。为了保持韩流的创造力和青春活力，韩国政府不断向有创新性学习欲望的年轻人才提供大量海外专业进修的机会，让高附加值的"韩流"品牌不断获得创新性人才的支撑，实现可持续发展。2016年，韩国进入了自2012年实施的文化企业人员在职培训高峰期，影视人、广告人、音乐家、漫画家、剧作家，传统工艺美术设计师和整容美容技师，以及服装设计师等"韩流"文化品牌培训陆续展开。

　　一方面，大量的人才使文化产业有了雄厚的基础，但有了人才并不一定就能产生竞争力；另一关键因素在于人才的合理使用。韩国政府从提高人才的市场化配置入手，着力打造宽容、宽松的创意环境，建立起合理有效的人才使用机制，为人才资源的竞争力转化创造了条件。创意的产生基础十分重要，对文化创意人才而言，宽松与宽容的创意环境非常重要。人类文明的进程就是一个不断宽容的过程，宽容与一个国家和地区创新经济的发展密切相关，特别是对于创意文化产业，宽容的社会人文环境更为重要。创意来自人，也来自富有活力的互动性的文化环境。创意产业与宽容互相促进，从吸收人才的能力可以看出一个地区经济的活力。创意人才倾向于薪酬高，具有丰富多样性、开放包容性和宽容度较高的地区。

　　在全球化时代，文化产业的竞争就是对人才的争夺，为创意经济的发展保持较高的社会宽容度十分必要。在当今世界，城市是一个区域经济、人才和文化实力的综合体，文化产业不能脱离这样的城市基础。城市的综合品质决定了城市对文化创意人才的吸引力。从微观层面上讲，文化产业竞争力与城市或区域的某些要素密切联系，与传统的制造业不同，文化产业发展有其自身的社会空间属性要求，它更加注重非资本要素的含量，如环境—— 建筑环境与自然环境等，优美的建筑和合理的城市规划、较低的犯罪率、便捷的交通及基础设施、公共服务等适合追求创意生活的环境能够更好地吸引文化创意人才；同时也需要较高产业要素的关联度。比如，创意群体的聚集，文化团体的活动是否有规模，是否邻近有实力的大学等。从创意本质上讲，只有各种人才聚集互动，才能激发创意，并可以使创意资源更加多元；还需要丰富的生活事件——街头活动、咖啡厅文化、艺术、音乐及户外互动，上述综合因素可能形成良性的互动，激发创意与创造，创意人才的聚集和良性互动不仅仅是提供舒适便利的生活与工作条件就可以。美国芝加哥学派经济学家罗伯特·卢卡斯（Robert Lucas, Jr., 1937–），认为"不是自然资源、劳动力和技术，而是城市化、区域集中和人口聚集，才是生产力发展和竞争优势的真正来源。"[①] 从韩国文化创意产业的发展状况可以看出这一特点，韩国的首尔（Seoul）作为城市化水平、教育最发达的地区，也是文化产业发展最好的区域。目前韩国80% 以上的文化创意企业集中在首尔（Seoul），销售额的90% 也由首尔（Seoul）的文化企业创造，文化创意工作人员86% 集中在首尔（Seoul），因为文化产业天然地要求一个宽容的"马赛克社会"或者宽松环境。它不要求同质化，而欢迎多样性、差异性与个性特色。多样化的环境更能激发人的创造力，获取更多的创意资本，从而实现地方的繁荣兴旺。在创意时代，产业跟着创意人才转移，而不是相反。所以，与其说创意经济的成长完全由企业来主导，不如说它实际上是在更包容、多元和开放的环境发生的，因为所有真正具有较高创意力的人才都会用脚来投票，移民到这样的人文环境氛围中。然而，这样一个根本性问题并不是简单靠人才引进政策所能解决的。由市场发挥在人才配置方面的优化功能是韩国政府一向遵从的基本原则。首尔的企业能够为创意人才提供高薪酬和宽松的创意环境，据统计，首尔的专业技术行业，平均月薪为413.69 万韩元（约折合人民币 2.36万元）要比其

---

① ［美］佛罗里达：《创意经济 创意阶层 创意城市》《创意设计源》，2012年第6期，第8页。

他地区高出 50%~80%，此外，大城市的发达的服务业，完善的基础设施，吸引了大量产业人才聚集在首尔（Seoul）。实际上，这一现象在世界其他国家和地区也普遍存在，也是文化产业界的二八效应。

五、信息科技及文化技术

在科技发展日新月异、传播技术迅猛发展的当今时代，文化产业与科技的融合已成为不可阻挡的潮流。文化产业是现代科技应用最集中、最广泛、科技创新最活跃的产业之一。现代科技对文化产业的支撑作用体现在文化产业各个环节，当今文化产业的发展越来越离不开科技的推动作用。从某种角度上可以说，文化产业就是一类特殊的科技产业。

早在20世纪80年代，韩国政府就制定了培养现代科技人才的中长期战略，并在20世纪80年代后期提出"科技立国"战略，取代之前的"贸易立国"和"重化工业战略"。1991年政府开始实施一项名为"G—T"的高科技研究与开发计划，目标是使韩国在21世纪跻身于世界科技强国之列。随着"科技立国"战略的确立，韩国政府和企业的科技研发投入持续高速增长，为韩国科技快速发展提供了重要支撑。作为一个新兴的工业化国家，韩国从政府到企业都非常重视信息技术领域新技术的研究与开发，注重知识产权保护，以及科技成果的引进、吸收和转化，其科技创新和发展的速度令人瞩目。韩国着重打造以国家科学技术部为规划指导，大企业集团为主体，国家信息技术研究所、大学、私营和民间研究机构共同参与的国家信息技术研究开发创新体系，并形成了产学研结合的良好运行机制，为文化信息产业的发展奠定了强有力的技术基础。韩国的科技追赶之路经历了从模仿到创新，再到成为技术出口的过程，并逐渐由政府主导型转移到市场需求主导型。目前，韩国企业研发机构逐渐成为韩国科技创新的主导力量。韩国的 IT 技术创新也逐步由产品设计和工艺创新，产品及工艺研究开发，竞争性产品的研发，转向 IT 核心技术的研发。在信息基础技术领域，韩国的集成电路制造技术、半导体光电器件技术、半导体技术是其目前具有代表性的先进技术；在信息系统技术领域，信息处理技术（计算机硬件技术和计算机软件技术）和信息传输技术（通信技术）也具有代表性。现在韩国的移动通信技术已仅次于美国，处于世界领先地位。从产业结构看，高科技产品，如计算机，手机、芯片等是韩国出口的主要动力，其中移动通信设备、半导体、内存芯片的出口占比较高，其科技制造业及信息科技经过二十年积累，为新兴的创意文化产业和高技术行业提供了良好的基础和创新环境。据韩国情报通信部公布的 2006 年韩国 IT 技术水平调查结果显示，韩国新一代移动通信、数字电视和广播及信息通信业等方面，与拥有世界最先进技术的美国相比，相对水平达到了美国的 90% 以上，相关技术差距不到 1 年。近年来，韩国在智能手机等智能终端设备方面的技术在很多方面已经领先于世界。

随着文化产业与科技融合度的加深，韩国政府认定文化产业未来的增长动力将是 CT 技术（文化科学技术）的运用，CT 技术将 ICT 技术（信息通信技术）与文化相融合，可以创造出巨大的附加价值。CT 文化技术产业的范围涵盖有关文化产品的策划、研发、制作、生产、流通、消费等整个过程的技术及相关服务技术。韩国政府认为，新科技成果将不断创造出新的文化生产样式和文化消费方式，在未来 CT 产业将是科技融合时代唯一的蓝海产业。基于上述判断，韩国政府于 2005 年在文化产业振兴院增设"CT 技术部"，整合文化技术相关的支援业务和组织管理职能，制定有关文化技术的发展政策和目标。

朴槿惠政府提出，以"创造经济"为核心内容的施政目标。"创造经济"以激发社会创造力为基础，通过科技、文化和创意，将人的创造力转化为生产力，形成文化创意与 CT（文化科学技术）以及 ICT（信息通信技术）融合的"文化技术"发展模式，打破产业隔阂，促进产业融合，在融合的基础上创造新的经济形态、市场和就业领域。

目前，在由美国和英国主导的全球文化市场中，韩国的 CT 正逐渐受到瞩目，CT 的使用范围从动作片、游戏、3D 动画片等扩展到文化内容体裁。以 CT 为基础的特殊效果及电脑生成图像在电影电视等方面的使用越来越广泛，CT 迅速发展促进了视觉特效在文化产业中运用的热潮，并催生出新的产业形态，如全息图像企业可以通过最新技术将"韩流"明星在韩国举行演唱会时的图像投影于千里之外，身在国外的人们将可以通过空中全息图像投影实时观看演出。2013年韩国推出文化技术研发的中长期计划，制定了"文化技术R&D 2+1战略"，主要包括提高文化产业的竞争力，通过研发增进国民幸福这两大战略课题。通过扩大 CT 研发成果在国内外文化产业中的应用力度，促进技术转移的灵活性，强化韩国国内文化企业的技术能力，提高市场竞争力。该计划通过提高对应用在电影、广播、游戏、动画、演出、展览等文化产业内容上的技术的研发投资，以提高相应的文化技术水平。韩国政府计划将韩国的文化技术水平从现在发达国家的 72.5% 提高到85% 以上，不仅要加强文化技术的力量，还要发掘创意文化服务研发的新课题，提高"文化休闲幸福指数"。目前，据韩国有关部门测算，1亿韩元可进行1.1项技术产业化，该计划要将这个数字提高到1.3项。韩国政府还将凭借技术优势全力强化文化领域的3D 立体影像的制作，确保核心技术能力，进军全球市场。

六、产业聚集及文化产业链的建立

以产业链的理论视角来看文化产业，人们发现这样的发展规律：知识产权（IP）是文化产业链的核心，市场导向是文化产业链发展的前提，提供优质的文化产品及服务是实现文化产品价值的基础，衍生产品开发是建设产业链的重要内容，人才、技术、资本是发展文化产业的重要支撑；完善政策机制体制是发展文化产业的保障，有效的产业组织是发展文化产业的载体；构建完整的产业链是发展方向，形成产业集群是文化产业发展的助推器。产业集聚是指同一产业相关企业在某个特定地理区域内高度集中，产业资本和要素在此空间范围内不断汇聚的过程。产业集聚会产生巨大的集聚效益，包括外部规模经济效益、创新效益和竞争优化效益等，有利于培育优势文化产业、塑造文化品牌、共享各种资源及发挥其他集聚效应。为提高文化产业聚集度，韩国政府全力促进国内文化产业聚集园区建设，在首尔和地方创立了多个国家级产业园区。2015年2月，韩国国家级的文化创新融合中心正式成立，职责为支持创作者将创意转化为融合性复合文化内容。2015年12月，首尔的"文化创新创业园区"挂牌成立。文化创新创业园区为实现内容的商业化提供支持。该园区类似于我国各地普遍采用的文化产业园区，为个人和入驻企业提供基础办公设施，企业经营活动包括内容策划、产品制作、招商引资、市场开拓、推广营销、企业管理等都在园区进行。经过竞争和筛选，获选的近百家企业将入驻该园区，并获得各种较大的优惠。首先，入驻"独立空间"的近一半企业无须缴纳两年的租赁费，免收办公室管理费用的50%。另一半企业入驻"开放空间"，这些企业多是员工人数在1~4人的初创公司，使用部分共同空间，无须缴纳租赁费和管理费。而"文化创意中心"将为入驻企业提供从投资、策划到产品商业化到流通的一条龙服务。这些条件在首都地区高昂的租金的情况下，比较具有吸引力，入驻企业也将获得较大的扶持。

2001年至2010年的10年期间，韩国根据各地实际建设了十多个文化产业园区，10个传统文化产业园区，1~2个综合文化产业园区，形成全国文化产业链，旨在优化资源组合，发展集约经营，形成规模优势，提升研发生产能力和文化产业的整体实力。韩国在全国建立的10个地方文化产业支援中心根据各个地方的文化产业情况发挥自己的特色。（见表31）

表31　韩国地方文化产业支援中心现状

地区	中心名称	口号	成立日期	主要事业
全州	全州信息影像振兴院	文化与IT产业的摇篮	2003年6月	通过全州信息影像振兴院进行准备工作 建立培养文化英才研究中心 建立传统文化商品战略基地 建立全州多功能小剧场 支援创业培训室
春川	春川文化产业振兴财团	文化产业从春川开始	2003年4月	为文化的产业化发挥其作为技术教育、信息支援、技术交流等中心的作用 动画片（企划、制作、流通、衍生事业）全过程的事业 生产支援、试用品制作支援、动画片首映支援、商品开发支援、商品设计等
大田	大田文化产业支援中心	下一代影像技术的领导者	2002年1月	委托运营公用设备室 委托运营大田影像院（电影教育） 租赁管理电影社办公室 电影制作支援 支援其他文化产业相关事业（学生活动）

釜山	釜山信息产业振兴院	亚洲最先进的影像文化内容产业中心城市	2002 年 7 月	支援地方电影相关企业及制作 支援宣传及市场营销 培养地方电影人才 出租摄影装备
清州	清州市文化产业振兴财团	迈向文化内容产业大国的标志	2002 年 2 月	创业教育 培养专门人才 运营专门委员会（专利、法律、税务、会计、咨询 5 个领域各 2 名）
富川	京畿数字内容振兴院	大韩民国动画片前沿基地	2002 年 3 月	支援海外展会及国内活动 支援动画片征集及制作 支援教育 支援国内外网络、宣传、市场营销 支援手机内容制作
大邱	大邱数字产业振兴院	建立大邱文化产业集群的地方创新体系	2002 年 7 月	管理并运营中心的设施和装备 挖掘有潜力的风险企业以及创业培训 经营教育、技术教育 支援参加海外展览等
济州	济州文化产业支援中心	通过地方创新中心的建立体现"创新济州"	2003 年 4 月	设立在济州知识产业振兴院内 入驻企业的运营管理以及经营咨询等 市场营销咨询、创业培训 支援新技术商品的开发 支援参加海外展览等
光州	光州信息文化产业振兴院	实现梦想的数字世界城市"光之都"的助手	2003 年 1 月	开展电影播放以及各种活动 培养文化内容专家 运营 Adobe 资格证的考取 运营市民影像大学及学院 运营儿童漫画、动画片学校
木浦	木浦文化产业支援中心	——	2005 年 1 月	主要设施：文化企业入住空间、经营支援室、分任研究室、展览室、制作支援室

（数据来源：国际文化产业发展报告 第一卷 2007 ）

从上表可以看到，韩国以地区为中心的10个地方文化产业支援中心的主要内容和特点。韩国力图在地方文化产业园区实现政策、土地、技术、人力资源等的共享；加快文化产业地区积聚和同业竞争，加快技术创新的速度和产业协同创新，对周边产业产生拉动作用。韩国地方产业聚集区与首都地区相比体现出几个特点:（1）中央与地方政府通力合作以顺应新的产业发展趋势，双方在文化产业培养方面达成共识，特别是以地方政府作为文化产业集群构成的主体，积极发挥其作用，中央的文化观光部建立制度、财政支援政策执行体系。（2）从对个别企业的支援转向产业集群构建政策。初期的文化产业支援以对不同领域个别企业的支援为中心，随着文化产业在相关领域的聚集，通过人与人交流合作产生了巨大效果，文化产业培育政策从对个别企业的支援积极转向产业集群的构建。（3）促进合作培育特色产业集群。文化观光部经过对文化产业集群的评估，优先支援发展空间较大的领域。扬弃文化产业集群之间的重复，针对特殊领域和地方大学进行集中合作，努力实现集群的特殊性。

　　除了产业聚集效应之外，贯穿文化产业上下游产业链的建立是韩国文化创意产业竞争力的重要体现。在文化产品市场的运营过程中，单个企业或行业的成本和效益无法达到最优。为了保证市场的高效率运行，实现资源的合理配置，最有效的方式就是各企业或行业间进行市场分工协作。各个企业间发展专业化合作，把文化产品的创作、生产、加工、销售连成一体，形成有机结合的产业链条，即文化供应链。从产业间关系角度看，产业链可以看成是由一系列相互连接的产业共同组成的一个复杂、完整的产业系统；从产业内部角度，产业链可以看成是指某产业内部位于上下游环节的不同企业，通过相互协作共同向最终消费者提供产品及服务时形成的分工合作关系；文化产业各环节之间也同样需要分工合作，实现实物流、信息流、资金流的顺畅运行。一个好的文化产品从创意到有形的产品，接受市场的检验，最终实现效益，中间需要经过多个环节、多家协作企业的参与：在投资生产之前优秀的策划创意，通过咨询公司、广告公司等专业公司进行市场调查，划分、细分市场，进行市场定位；通过专业的制作工艺流程生产出优质内容，经过营销策划公司的宣传营销，通过专业的分销体系及物流配送系统将内容产品送达最终市场。文化产业是依靠技术、资金、人才、政策等各方面的资源汇集，通过一定的有效组织及资源整合，以生产面向市场、满足消费者需求的精神产品或服务的产业。文化产业的内容创意生产同科技创新一样，需要长期、大量、高风险的研发投入。创意产品为文化企业提供独有的核心竞争力，为商业模式清晰的产业链提供动能。文化产业具有典型的规模经济与范围经济特征，尽管原创文化产品的初始研发投入成本高，但复制、生产、传播、衍生开发等后续的价值延伸增值的成本却很低。因此，产业链越长，原创文化作品的无形价值的开发和利用就越充分，企业的长期竞争力越强。建立完整的产业链是文化产业发展的方向，文化产业价值链的发展是价值不断创新和增值的过程，包括创意的生成、文化产品的设计和生产、供应链管理、消费者服务等一系列过程的细化和延展。从文化产品及服务的生产到最终经济效益及社会效益的实现，这是一个环环相扣的链条，每一个环节都可以实现价值增值。

文化经济产业链的打造和有效施行，是促成韩国创意文化产品风行亚洲乃至世界市场的重要因素。韩国政府力图借助于创意文化产品的传播，有效地谋求文化产业与饮食、服饰、休闲等领域间的无缝融合，打造文化—经济产业链：具体是以文化产品为主导，围绕文化产业的市场调研公司、经纪公司、演艺公司、广告公司、影视剧制作公司、出版发行公司，以及服装美容业、化妆品、韩食、旅游景点、相关电子产品等一整套完整的产业链，大批地吸纳市场资金，整体打包推出，各行业相互阐释，互相促进，进而给韩国经济产业发展带来巨大收益。韩国文化产业链的推行看似分散，背后却有着强有力的政府机构的"无形和有形之手"，是一个有计划、分阶段的实施过程。"韩流"市场营销包含有明确的国家战略：首先是推动电影、电视剧和韩国流行音乐等大众文化在市场的流行；其次是促进与文化产品、明星联系紧密的商品或服务的购买；随后是生活用品、电子产品等外围产品的购买；最后使对方从文化、生活方式、情感等层面对韩国整体产生好感——通过上述四个阶段的互动，持续并扩大"韩流"的影响力，从而最终获得更大的经济政治、文化等多种利益。

在文化产业链培育的过程中，一般来说，需要经过几个不同的发展阶段：

在产业发展的初期，随着大量资本的进入，市场会逐渐形成以众多小企业共存的组织结构，这一阶段产业分工开始形成；到了产业成长阶段，随着市场竞争的优胜劣汰，产生大企业为主导，以中小企业为主体的格局，产业专业化分工逐渐成熟；到产业成熟阶段，形成以大企业为主、中小企业并存的垄断竞争格局，大部分中小企业围绕大型企业进行专业化分工；到衰退阶段，是少量大企业的寡头竞争结构。韩国目前的产业格局正处于成熟的垄断竞争格局，以大型企业为主，同时有大量的中小企业围绕大型企业为之服务。作为知识信息型新兴产业，由于文化产业"内容为王"的产业特质，加上信息技术和新科技的融合，使得文化产业的价值倍增，文化产业的产业链出现与其他产业新的变化，产业链不再仅仅表现为垂直型专业分工，而是表现为纵向垂直和横向水平相混合的复合型结构。目前，国际上大型的传媒公司，都是既生产内容，又垄断发行渠道。好莱坞的迪斯尼、时代华纳、索尼都是大型综合文化集团。随着生活审美化和应用美学需求的增长，未来文化企业的商业模式竞争将替代创意或者产品竞争。一方面将出现设计产业的大发展的商业机遇，特别是结合当前提升制造业的社会需求，设计产业和时尚产业的结合将为文化产业带动本地产业和促进产业结构调整做出重要贡献；另一方面，从世界范围看，"技术 + 文化 + 品牌 + 时尚"的全球范围内竞争潮流，以及由此出现的高附加价值的商业模式，将代替一般的产品概念和企业间竞争，发展模式的竞争特别是商业模式的竞争将成为文化产业竞争的主要方向。

七、积极有效的外向型营销

韩国国内市场狭小，文化产业的企业和从业者都有强烈的危机意识，必须开拓海外市场。韩国文化产业的模式是政府支持，加上文化领域内的商业化运作。在战略上，是有意识地首先迎合大中华圈市场的需求，在宣扬的文化内涵上，有意纳入与大中华圈相同的文化背景或价值观念。文化如果没有政治经济实力的支撑，无论它如何绚丽多彩，也不具有强劲的传播力。它可以是客观存在，可以有限传播，但往往是行之不远。政治经济的优势，使其文化拥有了话语权和说服力，韩国文化产业的对外传播是在1997年亚洲金融风暴之后开始的。

韩国文化产业的国际营销是随着产业发展水平分阶段逐步推进的，它以占领国际市场为目标，以东亚儒家文化圈为战略平台，从1997年开始，最先面向中国展开营销，从2000年之后，逐步在印度尼西亚、越南、泰国等东南亚国家和地区推开，同时把主要精力向日本市场转移。随着文化市场的开拓，这一地缘战略取得了很好的效果，为"韩流"的进一步推广打下了基础，韩方不仅从中取得了重要的营销经验，还以亚洲市场为基地，将文化市场进一步扩展到欧美和其他地区。今天"韩流"的影响力可谓波及世界，不仅席卷中国、越南、泰国等亚洲市场，甚至在欧洲、中东也能看到韩国流行文化产业的影响。韩国企业借势"韩流"积极进行市场营销，从产品到服务，甚至到饮食文化，在广泛的领域中展开全球性战略。

目前，韩国在东南亚的越南、泰国等地的文化营销已经发展到第三阶段，并逐步迈入第四个阶段，韩国的国家形象在这些国家得到迅速的提升。在日本，第三阶段的壁垒也因为最近的"新韩流热潮"而逐步松动。即使在欧美等文化产业发达的地区韩国的文化营销也取得不小的成绩，根据韩国文化产业交流财团 2014 年 11 月针对亚欧美等 14 个国家和地区的 5600 人进行的调查显示，最受欢迎的韩国文化内容是"韩餐"（42.6%），其后依次是"音乐"（36.4%）、"时装"（35.3%）、"电影"（29.7%）、"电视剧"（28.2%）和"游戏"（26.9%），表明韩国的大众文化已扩散到饮食和时装等整个日常文化生活中。①

文化产品不同于其他消费品，它是一种具有"思想内容"的特殊产品，既有意识形态方面的属性，又有商品的一般属性。它提供的不仅是娱乐和消遣，隐藏在背后的理念和价值观念等意识形态会随着文化消费过程悄悄注入受众的思想中，引起一系列的综合效应。文化产品具有一定程度的排他性，并在经济领域内打造贸易强权，进而提高商品受欢迎程度，增加相关商品的附加价值。韩国所打造的文化产业链就是以提高本国经济产品竞争力为出发点，将本国传统文化、饮食、服饰等与观光旅游融为一体的文化产品集群。通常一部韩剧在国内取得成功后，随即迅速进入国际市场，先通过国外各大电视网播放取得较好的反应，随后进入视频网站、手机移动端等各种信息空间，接着与之相关的服饰珠宝、手机数码、饮食、旅游等与韩剧角色"同款"系列产品迅速推出，几乎每一部剧作都能带火一批产品的销售。经过流行文化产品的持续塑造和修饰，韩国其他相关实体产业产品的附加价值大大增加了，并使得韩国的服饰、化妆品、餐饮甚至室内装修等文化细节产品和服务能够有效融入海外市场，得到海外消费者的认同。可以说，韩国文化产业的发展

---

① 韩联网，调查：K-pop 取代 IT 产业成为韩国代表形象，2015 年 3 月 10 日 http://chinese.yonhapnews.co.kr/entertain/2015/03/10/0501000000ACK20150310002600881.HTML.

是一个文化产品与商业产品捆绑营销和发展的过程。

实施灵活定价策略，抢占市场先机。文化产品在销售阶段往往不产生附加费用，可以循环售卖获取利润，在国际贸易中可以根据不同区域消费者支付能力进行差异化定价。韩国将海外市场大致分为亚洲、欧美、其他外围等三级。亚洲是一级市场，主要是中、日等具有文化亲缘性地区；欧美属于二级市场，是文化产业比较成熟的市场，具有较强的影响力和辐射力；其他区域属于三级市场。一级市场属于核心层，是韩国主要文化市场，发挥引领作用，二级市场是影响层，其影响力又会促进其他市场的接受，三级市场属扩散层，属于不断成长的广阔市场。韩国影视剧、流行音乐等文化产品在定价时都会考虑到不同市场，不同时间和市场消费需求而灵活定价。营销模式一般针对不同市场特点采取区域代理和直销相结合的灵活方式，绕开要价不合理的分销商，最大限度地获取市场份额和利润。

韩国文化产品在市场开拓初期往往采取低价策略，进而迅速占领市场。韩国制作方首先采取多种手段有效降低成本，产品从立项制作、流通、发行，形成一套高效的产业模式，通过复制和适度革新，能够适应不同层次和区域的受众需求，因此韩国文化产品可以以较低的定价迅速打开市场。拿韩国影视剧而言，在市场开拓阶段，其在国际市场上的售价一般较为低廉，2000年一部韩剧的售价只相当于日剧30%的价格，为尽快打开市场，韩方对版权管理做出重要让步，既不限制播放的次数也不规定播放时间，这便引来很多国家购买韩剧。例如，自2001年日本就开始进口大量价格低廉的韩剧到NHK国家电视台，通过一个阶段的播放，各国观众逐渐积累起了关于韩剧的收视习惯和消费倾向，为后续《大长今》和《浪漫满屋》等韩剧在日本、中国的风靡奠定了基础。

单价方面，韩剧的价格优势表现得更加明显。近十年出口到日本的电视剧平均售价为3万美元/集，而日本本土电视剧的单集制作费就要38万美元，这是日本不断进口韩剧的重要原因。在台湾，本地电视剧制作费大概是30万台币/集，而韩国出口到台湾的电视剧不会超过2.5万美元/集；在中国大陆一部整体电视剧制作单价大概为人民币50~100万，而大型的历史古装剧，成本更不在制作方考虑之列。如《武则天传奇》《楚汉传奇》等剧作甚至超过

300万元一集，而同期进口韩剧的平均单价不足一万美元。因此"物美价廉"的韩剧迅速成为韩国娱乐业最大的海外出口产品，除了日本、中国和新加坡等亚洲传统市场以外，一些经典韩剧还出口到俄罗斯、埃及、南美和阿拉伯半岛等新拓展的市场。

韩剧迅速占领市场份额后，随即采取竞价的方式，逐步提高产品价格。在中国韩剧在传统电视网售价往往较低，但随着视频网站在中国流行，韩剧制造商的视线也从传统电视网逐渐转移到网络传播。最初，每集网络传播权售价仅为1000~3000美元，随着网络用户的增多，网络传播权售价开始迅速上升，2012年初售价升至1万美元，2012年10月《继承者们》的每集网络传播权售价就达到3万美元，《来自星星的你》在中国大获成功，推高了韩剧网络传播权售价的快速蹿升，每集售价很快突破10万美元关口，最近甚至达到12万~13万美元。[①]2014年底，国内某视频网站引进SBS电视台的偶像时装剧《匹诺曹》更是以28万美元/集的价格刷新了韩剧在中国市场的单集售价。由此可见，灵活的定价策略是韩国文化产品抢占国际市场，并在文化产品竞争中取得优势的关键，也是值得我国文化产业"走出去"可以借鉴的营销战略。

注重时尚包装，实施明星战略。社会心理学发现作为群体的大众都具有较强的从众心理，经济学里则用"羊群效应"来描述经济个体的从众跟风心理。因此营销就要根据大众的这种心理倾向进行引导，随着世界经济水平和人们购买力的提高，大众的基本需求获得满足，在世界范围内，主要文化市场都已进入时尚消费时代，现代人消费需求的广度和深度都发生了深刻的变化。法国思想家鲍德里亚指出，在消费主义时代，消费的目的不是为了满足"实际需求"，而是不断追求被制作出来的、被刺激起来的欲望。也就是说消费时代的消费需求是被"创造"或者"引导"出来的，现代营销就是发现需求、制造需求，然后满足需求的一个过程。作为一种非必需品，文化产品的营销尤其需要将人们潜在的需求"创造"出来，"时尚"是流行文化所"创造"出来的最终产品。同理，流行文化吸引人们消费的主要手段就是打造时尚。韩国文化产品通过组合时尚要素，打造自身时尚形象——漂亮的时装、帅男

---

① 韩联网，《来自星星的你》在华带动新一轮韩流 韩剧版权售价飙升 .2014年7月14日 http: // chinese. yonhapnews.co.kr/entertain/2014/07/14/0502000000ACK20140714001700881.HTML.

靓女、动感音乐舞蹈，讲究的韩国料理，新潮的电子产品，精美的日常用品，精致的中产生活，经典爱情故事等时尚要素都被集中展示；从巴黎到纽约，从实用品到消耗品，从外在到内容无不嵌入时尚元素。韩国文化产品成功地融入时尚，将自己不断打造成具有跨文化特征的时尚文化引领者，受到消费者尤其是作为消费主力的青年人的欢迎与接受。韩国文化产品国际营销成功之处就在于它们抓住了当代消费文化的需求特征，并利用现代传媒将自身优势很好地发挥出来。

明星或偶像作为时尚最集中的代表，有着巨大的经济价值。韩国文化产业倚重明星的影响，努力打造"明星战略"，通过明星来带动文化产品的推广。韩国的"明星产业"比较发达，众多明星由专门演艺公司负责打造，从选秀、签约到培养，有严密而细致的流程，演艺公司紧盯时尚，精心策划，通过塑造偶像，宣传偶像等造星运动，来引导和培养消费时尚和消费者追求时尚的心理。韩国明星们既有衣着出奇，注重青春活力外在美的青春偶像，也有主打成熟稳重有气质的裴勇俊、权相佑等。明星具有很强的号召力，许多观众是由于欣赏明星进而欣赏韩剧、韩国文化，并购买相关文化产品的，明星战略大大促进了韩国娱乐事业在亚洲的发展。许多娱乐公司更注重将明星魅力与亚洲儒家文化结合。近年来最成功的韩国 SM 娱乐有限公司旗下的流行乐团"少女时代"（Girls' Generation）融合 9 名独特的女孩，她们凭借年轻漂亮有活力的外貌、时尚装扮和动感歌舞，迅速征服了亚洲年轻一代。演艺公司着重打造她们和谐、友爱、团结、奋斗的精神面貌，使其成为拥有鲜明性格的超文化组合，甚至在欧洲和美国都受到欢迎，有力促进韩国流行音乐的跨国风行。

韩国媒体还将偶像明星们称为"特殊外交官"，积极利用明星的影响力开拓旅游文化产业。同时，官方也积极寻求与明星的合作，邀请明星作为国家或机构的代言人，以此来塑造或改善政府形象。比如 FX 组合的成员郑秀晶的相关头衔就有"2012 韩国警察局官方宣传大使""2012 伦敦残奥会韩国宣传大使"等。除了各种形象代言之外，一些政府官方活动还会邀请明星们来表演助兴，2012 年韩国核安全峰会就邀请了 JYJ（由原"东方神起"成员金在中、朴有天、金俊秀组成的韩国创作歌手组合）出席，而各种文化活动里面影响最大的就是由韩国文化体育观光部、韩国演艺人制作者协会（KEPA）等机构主办的慈善公益活动"Dream Concert"（梦想演唱会），出演明星皆为韩国时下最当红歌手，是每年不可错过的音乐盛宴，吸引世界各地青年人前来追捧。

文化经济属于"眼球经济"，明星更能有效吸引各方面注意力，给文化产业带来巨大的收益，并带动韩国化妆品、美容美发、服饰、消费电子产品等流行时尚产业的发展。2012年，韩国流行歌曲《江南 Style》红遍全球，被称为"PSY 效应"，该曲为"鸟叔"带来了至少1000万美元的收入，并持续吸引了超过1000万外国游客访问韩国。明星自身也蕴含了巨大的品牌经济价值，现代经济研究院曾推测"裴勇俊韩流"的经济效果约为 30,000 亿韩元；演员全智贤的品牌价值也达到 3000 亿韩元，其经济效应也有几万亿韩元，而流行世界 60 多个国家的"韩流"明星李英爱，对韩国经济的影响超过 3 兆韩元①；从"少女时代""鸟叔"，再到《来自星星的你》中当红的"都教授"等"韩流"明星，不仅给国家带来了大量外汇收入，他们的出色表现也间接提高了韩国的国际形象和国家软实力。

八、运用现代营销手段，注重跨文化沟通

"韩流"的营销充分体现了当代传媒产业的运作特点，注重采取现代营销策略，通过多种现代传媒渠道，以全方位视角实施立体化营销。现代营销手段比传统广告手段更加注重营销的精确性，可以根据产品文化特征将消费者进行多层次分类，有选择性地运用包括广播、电视、报纸、杂志、音像、电影、网络、出版物、移动在内的各类传播渠道，综合运用文字、图片、声音、视频、触碰等多元化的形式进行深度营销，涵盖人们接受资讯的全部感官，对消费者进行立体式的营销覆盖。如在每档节目推出期间，通过明星与媒体见面会，发布会，在印刷媒体和户外广告牌打广告，在报纸、杂志、网络大型网站添加宣传片和造势文章等宣传手段，有效扩大产品的知名度和影响力。

文化产品国际营销面临的一个主要障碍就是文化差异问题，营销活动需

---

① 韩国中央日报中文网. 从"千颂伊"身上学到的创造经济.2014年3月6日. http：//chinese.joins.③om/gb/article.do?method=detail&art_id=116516&category=002005李正宰.

要引起不同文化背景消费者的关注。全球范围的消费者因语言文化、风俗习惯、历史、经济发展水平等各不相同，他们所处的文化环境具有很大的差异性，最终导致不同地区消费者的购买倾向和消费模式有所差异。为此，消除文化差异带来的消费障碍，就是国际营销的重要任务。韩国文化内容产品在保持民族性基础上，选择表现那些具有人类共通性的文化主题，如爱情、伦理、道德和人性等，在组合民族元素和世界性元素间找到恰当的平衡。"既有民族的，又有世界的"，既保持文化产品的异质性和差异性又有共通性、共同性，才是韩国文化产品跨国流行的原因。为促进文化沟通，韩国方面还采取了体验式营销策略，举办了一系列的免费文化体验活动。早在1991年，韩国就成立了韩国国际交流财团，通过邀请其他国家和地区的相关人员赴韩进行交流活动，增进世界对韩国的了解和认知。2005年，韩国为加强文化产业营销，又成立了"亚洲文化产业交流财团"，财团为促进文化海外影响，每年都会举办海外文化记者交流会，目的是增强各国对韩国文化魅力的体验和认知，文化界主流媒体的记者都被邀请赴韩国参加，不需要交任何费用，相关费用全部由交流财团承担。以这样的魅力体验活动作为广告宣传手段，其效果是持久性的，为韩国文化产品跨越文化障碍顺利打开国际市场打下基础。各个财团每年还策划举办各类免费音乐节庆，扩大韩国流行音乐 K-pop 的国际影响力。韩国文化振兴院更是安排了每年多场的文化研讨会，"韩流"文化产品展览会、博览会等会展促销活动，邀请外国（特别是中国）学者、官员、实业家、消费者等免费体验韩国文化产品。这样的推广方式为"韩流"品牌做了有效的海外宣传、扩大了"韩流"在国际上的影响力，这些细节营销往往决定成败，更值得我国文化产业参考借鉴。①

近年来，随着互联网技术的日益发展，基于互联网的营销方式不断出现，韩国在文化产品营销过程中积极运用这些新的营销方式，通过用户口碑自发传播的病毒式营销就是韩国文化营销利用的手段之一。如卡通形象"流氓兔"的传播就利用了这一营销方式：1999 年，韩国卡通创作者金在仁制作了一个卡通形象——MASHIMARO（流氓兔），这只兔子相貌呆萌、思想简单、爱"耍

---

① 李婷婷 . 从韩剧热播看韩国文化产业的营销策略［J］. 消费导刊 2014，3：152.

流氓、只占便宜不吃亏"，随着亚洲"无厘头"文化的兴起，"流氓兔"迅速成了反偶像文化的明星，透过网络在亚洲地区掀起风潮，关于"流氓兔"的Flash迅速涌现和占领各大BBS论坛、Flash站点和门户网站，网民们还通过聊天工具、电子邮件等方式进行传播，成为病毒式文化营销的范例。之后韩国EBS电视台又推出类似的动漫形象Backkom（倒霉熊）等，同样取得巨大成功，成为韩国动漫界的代表形象，如今这些网络虚拟明星衍生出的商品已经达到1000多种。病毒式营销还被运用在电影、电视剧的推广过程，在影视剧播出前后，主创人员和演员明星会在各国巡回"制造热点"，将片花、明星绯闻、拍摄花絮等信息在网络、手机中大量传播，通过用户间的主动传播、转发和宣传，信息像病毒一样迅速扩散，借助快速复制和几何式传播，短时间内便可从数以千计跃升至数以百万计，而且传播对象几乎都是有效受众，极大地提高了营销效果，相关文化产品借此获得关注和大卖。

此外，随着网络技术发展，欧美的脸书（Facebook）、推特（Twitter），中国的微信、微博等社交新媒体的迅速崛起，极大地改变了人们接收信息的方式和传播途径。利用日渐成熟的社会化网络、在线社区、博客、互动百科或者其他互联网协作平台和媒体手段形成社会化媒体营销成为文化营销的新手段。社交媒体的使用者是一种较强社会关系的连接，朋友间的分享比在用户间传播更容易接受，韩剧和流行音乐在传播过程中即利用社交媒体进行有效营销，如利用Twitter发起讨论话题，通过YouTube实现片花等宣传资料、广告视频的分享，以极低的投入就可以对产品的推广起到意想不到的效果，同时也大大增加了文化品牌的美誉度。韩剧《来自星星的你》在我国播出过程中就采用多种网络媒体营销手段，营销团队通过"粉丝"在微信、微博等社交媒体的朋友圈发布剧照、剧情、宣传海报等制造话题热点，用户在不知不觉中就已经被营销，并参与进一步的分享活动。通过对事件和话题的维护，进一步提高收视率，取得了很好的营销效果，营销团队熟悉观众的从众心理，他们不断制造热点话题，诱导受众逐渐产生趋同心理，利用社交媒体的意见领袖、配合粉丝形成舆论场，为产品造势。

韩剧还成功地借助"第二媒体"进行持续稳定无偿的宣传，那些散布世界各地的韩国餐馆、韩国化妆品和服饰店，承担韩国旅游业务的各国旅行社成为重要的宣传阵地。此外，韩国文化产品还叠加在早已形成品牌的韩国足球、韩国汽车、韩国游戏等符号上进行宣传，这番密集的宣传对韩剧品牌的塑造所起的作用不可小视。韩剧通过各类已经成熟的市场展开以点带面的销售方式，以香港这个国际化的点带动"面"上的中国内地，一些韩剧先在香港电视台包装并热播，随后在中国内地掀起韩剧热。以日本或美国芝加哥之点带动欧美的面，通过日本 NHK 电视台对韩剧的热播及美国芝加哥电视台播放，韩剧在欧美中产阶层的生活圈悄然传播开来。

塑造文化产业品牌。品牌作为企业的标志，是企业一切无形资产总和的全息浓缩，蕴含着巨大的市场潜能；同样，文化产业品牌是文化产业的经济价值与精神价值的双重凝聚，体现了一种文化精神的影响力和文化企业的核心竞争力。人们对品牌的认知可以分为五个阶段：第一阶段是品牌符号阶段，这一阶段人们将品牌视为一种与其他品牌不同的识别标志；第二阶段是品牌个性阶段，在这一阶段，人们对品牌内涵的理解超出了其功能性利益，展现消费心理上的利益；第三阶段为品牌关系阶段，这一阶段，品牌被视为一种与消费者进行理性和感性互动的内容总和，强调品牌的最终实现是由消费者来决定的；第四阶段为品牌资产阶段，这一阶段，人们将品牌视为可以独立存在的资产，可以交易和转让，具有获利的能力。第五阶段为品牌的经济学阶段，这一阶段，人们将品牌的作用归结为通过品牌降低消费者的选择成本。从根本上说，品牌就是人们的一种心理价值期待和满足感。

一般创立品牌的过程大都要经历"品牌意识、品牌策划、品牌定位、品质控制、品牌传播、品牌保护"等运作流程。文化产业品牌建设与传统品牌相比有其特殊之处，因为它没有物质性的产品，文化产业品牌的建立则需要更严密的策划，更有创意的产品，更严格的品质，文化产业品牌更多的缘自一种深厚的文化底蕴，是民族文化的张扬与发展，文化产业品牌的创立需要在民族文化基础上进一步文化创新，将创新文化与原生文化融合，并保持一定限度内的特色稳定才能被受众接受。文化品牌需要更注重创意和创造，它比普通商业品牌更加注重性格与个性色彩，强调感情的投入，激发出受众强烈的情感，更多的联想与想象。同其他行业品牌创建过程类同，文化产业品牌建设也是一个长期积累的过程，需要一系列文化精品和不断地创新来支撑品牌发展。诸如美国的"百老汇""好莱坞",日本的动漫产品等世界知名文化产业品牌都是经过几十年乃至近百年的经营才获得成功,从而体现了强大的国家软实力。

　　文化产业品牌不仅具有商业属性,更具有意识形态属性,它总是承载着特定的价值观,影响着受众的思想意识和意识形态。因此,韩国政府极为重视韩国文化品牌的打造建设,李明博政府时代就将文化品牌建设作为国家重要战略目标来进行,当时的韩国政府就认定当代世界处于一个品牌时代,韩国要立于世界之林需要构筑强大的国家品牌,这符合时代潮流,也符合绿色增长和价值最大化的要求。2009年,韩国政府设立了由总统直接管辖的国家品牌委员会,负责管理宣传韩国形象,打造国家品牌,包括国家文化品牌,国家品牌委员会是一个综合协调部门,下设企划科、国际合作科、企业和信息科、文化观光科、全球市民科等5个分科委员会。成员包括政府各部部长、知名企业总裁、首尔市长、国家旅游组织主席、贸易促进社社长等40余人。近年来,国家品牌委员会大力支持韩国知名企业和品牌参加世界性大型展览,与韩国海外文化弘报院(KOCIS)①联手向世界知名媒体投放公益广告,竭力打造韩国国家形象名片。在韩国的国家品牌建设过程中,文化产业发挥了重要作用,文化产品天然具有展示国家文化魅力、塑造国家形象、体现民族特色的作用,文化产品的对外输出同时就是塑造国家形象,打造国家品牌的过程。

　　文化品牌通过市场化的营销使客户形成对文化品牌和产品的认知,文化品牌营销无须建立庞大的营销网络,而是融入文化产品中,利用文化产品的特殊品牌符号,把无形的价值植入社会公众心里,把产品输送到消费者心里,使消费者选择消费时倾向于品牌文化产品。品牌营销包括五个要素,即质量第一,诚信至上,定位准确,个性鲜明,巧妙传播。韩国文化产业通过影视剧展现了国家美丽的自然景观和人文景观,品类众多的美食,坚毅刚强的民

---

①　韩国海外弘报院是韩国文化弘报部1971年12月31日以"海外公报馆"的名义成立的海外宣传机构,下设馆长、副馆长及5个科。1999年5月24日,海外文化弘报院又从文化观光部分离出来,改属国政弘报处,设院长、1审议官和4个科室。海外弘报院在国内主要以韩国驻外使领馆下设机构的形式出现,主要职能为:确立和调整海外宣传政策,制定为提高国家形象为目的的海外宣传计划,制定各阶段的主要宣传计划以及方针,进行有关海外宣传活动的调研和评审等。另外,它作为韩国国家的一个对外宣传窗口,很重要的一项任务就是宣传普及韩国的语言文化,开办韩国语学习班,提供学习资料、图书等。

族性格；通过流行音乐，展示能歌善舞的民族特点；通过游戏展示出其科技和创意能力等。韩国除了全力打造文化产业品牌——韩国电视剧、游戏、流行音乐（K-POP）等文化产业优势品牌，还积极参与将国内传统文化申遗，通过综合宣传手段，打造韩国文化的代表性产品，如2013年底，韩国将"越冬泡菜"成功申遗后，又耗费巨资研究、宣传传统饮食，投资900万美元研究韩国传统食品泡菜、拌饭、参鸡汤等，并拨款3400万美元用于改进生产设备。以提升和推广韩剧的路径推出韩食、韩服、美妆产品等文化产品品牌，加深世界范围内人们对韩国的喜爱。在多项策略的推进下，韩国的文化品牌认知和美誉度在国际社会不断提高，特别是韩剧、流行音乐、韩国泡菜、化妆品、整形外科、韩服、跆拳道和旅游纪念品等作为某种文化符号，已经深入人心。韩国政府抓住机遇，实施品牌战略，力争在2020年"韩流"品牌产品出口占韩国GDP的25%左右，"韩流"品牌将成为韩国外向型经济发展最快、竞争力最强、价值最大化的国际化产业，带领韩国国民经济持续稳定发展。

为了解海外"韩流"现状，为"韩流"发展指明方向，韩国文化产业交流财团每年定期开展海外"韩流"现状调查。2015年针对中国、日本、印度尼西亚、泰国、澳大利亚、美国、巴西、法国、英国、俄罗斯、阿联酋、南非共和国等国家和地区的调查结果显示，韩国流行音乐（K-POP）已经取得了信息科技"IT尖端产业"成为韩国产业代表形象。提起韩国，17.2%的受访者最先想到的是"K-POP"，其次是韩餐（10.5%）和"IT尖端产业"（10.4%）。调查还显示，最受欢迎的韩国文化内容是"韩餐"（42.6%），其后依次是"音乐"（36.4%）、"时装"（35.3%）、"电影"（29.7%）、"电视剧"（28.2%）和"游戏"（26.9%），可见韩国的大众文化已扩散到饮食和时装等整个日常文化生活中。这表明韩国文化产业品牌已逐渐确立。在一定意义上来说，韩国文化产业的成功，不是某一产业的成功，而是国家打造文化品牌的成功，是国家营销、文化产业品牌营销的成功。

第三篇

山东文化产业及竞争力提升

第一章
山东省文化产业发展现状

党的十八大以来，山东文化产业的发展不断加快，全省产业发展布局不断完善。省政府陆续出台了《山东半岛蓝色经济区文化产业发展专项规划》《黄河三角洲高效生态经济区文化产业发展规划》《山东省深化文化体制改革实施方案》《文化体制改革重要改革举措实施规划》和《山东省推动传统媒体和新兴媒体融合发展实施意见》《关于加快发展文化产业的意见》《关于金融支持山东省文化产业振兴和发展繁荣的实施意见》《关于搭建融资平台支持文化产业发展的实施意见》《山东省"十三五"时期文化改革发展规划纲要》《山东省文化厅"十三五"时期文化改革发展规划》等一系列规划和文件，为山东省文化产业发展奠定了基础，指明了方向，起到了顶层设计的关键作用。

第一节 山东省文化产业现状与特征

十八大以来，山东省政府将文化产业视为国民经济发展的战略性产业和支柱性产业，并出台了一系列文化产业政策，随着各项产业促进政策的实施，山东省文化产业得到了迅速发展，具体表现如下。

一、文化产业体系逐步建立

在国家产业政策的引导下，山东省政府积极推进融资平台建设，鼓励社会资本和外资通过独资、合资、合作等途径合法进入文化产业领域，探索实行股权多元化，发展混合所有制文化企业；重点扶持和打造跨媒体、跨行业、跨地区，辐射全国、实力雄厚、竞争力强的旗舰式大型文化产业集团；组建一批"专、精、特、新"的中小文化企业。山东文化产业发展迅速，全省文化市场逐步发展成为山东省文化事业和文化产业的新载体、满足人民群众精神文化需求的主渠道；基本形成了规模较大、品种较全、功能较为完善的文化市场体系。2014年，全省从事文化及相关产业的法人单位5.9万家，从业人员130.1万人。截至2015年，全省拥有国家级文化产业示范园区（基地）17个、国家级动漫产业基地4个、省级文化产业示范园区（基地）136个。积极推介重点项目，5个项目入选文化部2015年度特色文化产业项目库，9个项目列入文化部2015年文化金融合作项目库。2015年实现文化产业增加值2370亿元，同比增长8.57%。五年平均增幅高于同期GDP增长幅度，文化产业整体实力大幅提升。2015年年末，纳入统计范围的全省各类文化（文物）单位16,955个，比上年增加783个；从业人员106,667人，比上年增加10,077人。[①]

二、文化事业与文化产业繁荣发展

2016年，文化产业事业融合发展。成功举办第六届山东文化产业博览会和第四届中国非物质文化遗产博览会。2016年末，广播人口综合覆盖率为98.94%，电视人口综合覆盖率为98.61%。城市营业影院421家，电影票房收入17.5亿元。出版各类图书16193种，报纸87种，杂志262种。艺术表演团体103个，艺术表演场馆93个，博物馆451个，公共图书馆154个，群众艺术馆和文化馆157个，文化站1817个。乡镇（街道）综合性文化服务中心覆盖率为99.3%，行政村（社区）文化大院（文化活动室）覆盖率为95.6%。文化产业投资3303.7亿元，比上年增长18.0%。国家级、省级文化产业示范基地分

---

①　2015年山东文化发展统计分析报告 http://www.sdwht.gov.cn/html/2016/tjsj_0509/37083.html.

别达到17个和163个。[①]（见表32）

表32 山东省文化事业与文化产业发展现状（2016年）

类别	数量	类别	数量
艺术表演团体（个）	103	农村文化大院（个）	70,000
艺术表演场馆（个）	93	历史文化名城（座）	20
博物馆（个）	451	各类图书（种）	18,127
公共图书馆（个）	154	各类报纸（种）	87
群众艺术馆、文化馆（个）	157	各类杂志（种）	261
文化站（个）	1817		

（数据来源：山东省国民经济和社会发展统计公报2016）

山东省文化产业体系比较完善，其中新闻出版业、影视业、会展业、文化旅游业、广告业、动漫业等重点文化产业行业发展较快，融合性新兴产业门类不断增多。尤其是互联网、影视娱乐业、演艺等门类龙头企业规模增速较快，产业示范作用不断增强，部分文化品牌效应初步显现。非公有制中小型文化企业蓬勃兴起，逐步成长为文化产业发展繁荣的主力军和生力军。文化消费市场持续快速扩张，各类文艺演出、文化娱乐、音像产品、电影、艺术品及动漫产品，构成了种类丰富、形式多样、内容健康的文化产品供应体系，在满足人民群众多样性文化需求，以及对美好生活的向往中发挥着越来越重要的作用。

三、文化产业总量稳步提升

近年来山东文化产业也以较快的速度发展。2011—2013年，全省文化产业增加值连续3年保持平均15%左右的增幅，均高于全省地区生产总值和第三产业增速。2014年，山东省文化及相关产业增加值达2200亿元，同比增长10%；文化产业完成投资2615.9亿元，按当年价格计算增长18.0%。占GDP比重3.7%。2015年实现文化产业增加值2370亿元，同比增长8.57%。2016年

---

① 山东省统计局，2016年山东省国民经济和社会发展统计公报 http://www.stats-sd.gov.cn/art/2017/2/28/art_3902_186550.html.

山东省文化产业实现增加值2481亿元，比上年增长13.7%（未扣除价格因素影响，下同），比山东省 GDP 增速（扣除价格因素）高 5.6%，比全国文化产业增加值增速高 2.6%。（见表33）文化产业增加值占 GDP 的比重为 3.94%，比上年提高 0.26%，比全国比重提高幅度快 0.05%。文化产业项目建设扎实推进，投资力度进一步加大。2016年，全省文化及相关产业固定资产投资项目3588个，同比增长 13.9%，累计完成投资 3303.7亿元，同比增长 18%，其中亿元以上项目856个，同比增长 25.3%，累计完成投资 2082.8亿元，同比增长 42.9%。从投资结构来看，国有经济控股完成投资630.8亿元，同比增长104.4%，国内贷款完成投资395.8亿元，同比增长 122.1%，利用外资完成投资27亿元，同比增长 38.6%。2017年第一季度，文化产业施工项目1399个，同比增长 5.4%；项目计划总投资4229.5亿元，增长 24.5%；完成投资466.4亿元，增长 13.4%，比上年同期增速提高8.4个百分点，比全省固定资产投资增速高3.7个百分点。其中，亿元以上大项目完成投资 323.7亿元，增长 26.7%，占全省文化产业投资的比重达到 69.4%。（见表33）在全省 GDP 保持 7.6% 增速的情况下，文化产业增加值仍持续保持两位数以上的增长，表明文化产业已成为国民经济新的增长点。实现了文化产业增长幅度高于生产总值和服务业增长幅度，文化产业投入增幅高于固定资产投入增幅，新兴文化产业增幅高于整个文化产业增幅的目标。

表 33 山东近三年文化产业增长表

类别	2014 年	2015 年	2016 年
文化产业增加值（亿元）	2200	2370	2481
同比增加值（亿元）	175	170	111
上年增长率（%）	10	8.57	13.7
占 GDP 比重（%）	3.7	3.97	3.94

（数据来源：山东省国民经济和社会发展统计公报 2016）

四、文化企业发展势头良好

2013年底，全省文化产业法人单位 5.9 万家，从业人员 130 万人。文化产业实现增加值 2015 亿元，占全国的 10%，位列广东、江苏之后，居全国第三位。山东省 2013 年连续三年公布了三批 109 个省重点文化产业项目、44 个重点文化企业、22 个重点文化产业园区，逐步组建起山东出版集团、山东影视集团、齐鲁传媒集团、山东演艺集团、山东省互联网传媒集团等一批龙头文化企业集团，骨干文化企业实力不断增强。目前，山东省国有文化企业呈现良好发展趋势，尤其是省属国有骨干文化企业形成了文化产业发展的"第一梯队"：大众报业、山东出版、山东广电网络、山东广电台、齐鲁传媒、山东演艺、山东影视、山东互联网等企业集团高速发展，2014 年大众报业集团、山东广电网络有限公司、山东出版集团分别实现营业总收入 24.6 亿元、58.18 亿元和 141.04 亿元，同比增长 14.0%、18.49% 和 9.01%。2016 年文化企业上市进程加快，青岛城市传媒股份有限公司等转制文化企业在主板上市，舜网传媒等 16 家文化企业在新三板挂牌。2017 年一季度，省属国有文化企业完成营业收入 36.8 亿元，同比增长 0.9%，实现利润 1.3 亿元，同比增长 30%。其中，山东出版集团实现利润 1.5 亿元，同比增长 200%。

截至 2016 年 12 月，山东省规模（限额）以上文化企业 4165 家，实现主营业务收入 9050.2 亿元，增长 6.0%，利润总额 549.1 亿元，比上年增长 7.1%；企业资产总计 6831.1 亿元，比上年增长 5.1%，经济效益不断提升。文化企业从业人员 67.13 万人，比上年增长 3.5%。2017 年第一季度，山东省规模（限额）以上文化产业法人单位营业收入 2252.1 亿元，同比增长 12.3%，增速比全国高 1.3%；营业利润 122.6 亿元，增长 20.0%。

小微文化企业蓬勃发展。通过实施文化产业"金种子"计划，在全省范围内分两批规划建设了两批共 11 家文化产业孵化器，先后注入 6700 万"种子"扶持资金，带动引导社会资金多元化投入，探索建立以市场为导向、体制健全、机制灵活、政策完备的小微文化企业孵化培育体系。首批 6 家孵化器合计投入使用孵化空间 18.52 万平方米、在孵企业 619 家、引进转化文化创意创新成果 32 项、获得知识产权数量 93 个、吸纳就业人员 7044 人、吸引社会资金投入 3780 万元、实现总产值 96835 万元，辐射带动效应初步显现。

五、产业发展重点突出，形成一批区域品牌

山东文化产业发展重点突出，不少行业如文化旅游、出版发行、影视动漫等产业成为山东省文化产业强项，以创意设计、影视制作、出版发行、印刷复制、演艺娱乐、广告会展、文化旅游、数字内容和动漫等产业门类为重点。2013年，山东省政府出台了《关于提升旅游业综合竞争力，加快建成旅游强省的意见》，意见提出，继续加强"旅游强省"战略，打造文化旅游产业品牌，推动旅游业健康有序快速发展，全省旅游总收入突破5000亿元，增长11．1%，位列全国三甲。2014年旅游业蓬勃发展。旅游消费总额6192.5亿元，比上年增长14.5%。其中，入境游客消费27.1亿美元，国内游客消费5711.2亿元。共有A级旅游景区783家，以"好客山东"为核心的旅游文化品牌成功推广。继续推动"齐鲁文化"走出去，举办山东文博会、孔子文化节、潍坊风筝节、青岛啤酒节等文化节会品牌，将"好客山东"文化旅游品牌，"孔子故乡中国山东"等文化品牌影响力进一步扩大，提升山东文化软实力，山东省旅游部门与百度、谷歌等互联网公司建立战略合作关系，通过大数据的采集分析，推动旅游业发展，为山东旅游营销提供了大量有效数据和有力的支撑。文化与旅游融合日益紧密，演艺产业涌现一批亮点项目，《蒙山沂水》《蓝色畅想》《封禅大典》《神游华夏》《孔子》等成为旅游演艺知名品牌。2015年，山东新闻出版业规模实力和竞争力进一步增强，数字出版等新型业态快速发展，2015年全省新闻出版产业实现主营业务收入1827.04亿元，较上年增加184.45亿元，增长11.22%；营业利润159.71亿元，较上年增长5.8%。2015年经济规模在全国新闻出版产业总体经济规模综合评价中排名第五。2015年广播影视产业总收入172.31亿元，较2014年增加13.63亿元，增长8.59%。实现创收154.98亿元，比上年增长3.04%，增加值83.23亿元，较2014年增加18.21亿元，增长28.01%。

在文化产业发展过程中，山东依托独创性文化资源，形成了具有地方特色的创意基地、创意企业、创意产品：山东影视制作中心创新精品，"鲁剧"品牌的打造逐渐成形。2015年第二十一届上海电视节中，山东省的《红高粱》《老农民》等包揽了国内电视剧七大奖项中的六项。在第十七届华鼎奖电视剧

百强榜评选中,《红高粱》排名第一,《马向阳下乡记》被评为全国观众最喜爱的电视剧,《伪装者》《琅琊榜》《大秧歌》等剧在全国热播引起较大反响,口碑、收视都取得成功。在图书出版行业,以山东出版集团为代表的鲁版图书的影响持续扩大。山东画报出版社的知名品牌《老照片》创造了中国图文互动图书的发行量之最,明天出版社的《笑猫日记》系列图书出版九年,累计发行3000万册。

六、产业结构不断优化

新兴行业规模快速壮大。从文化企业发展来看,新兴文化业态发展迅速。2017年第一季度,营业收入增长最快的两个大类是文化艺术服务、文化信息传输服务,分别为4.4亿元和6.8亿元,分别增长 24.7% 和19.0%。营业利润增长最快的两个大类是新闻出版发行服务、文化创意和设计服务,分别为1.7亿元和11.6亿元,分别增长 113.6% 和 65.3%。动漫基地建设扎实推进,动漫创意产业发展较快。2011年,山东向国家新闻出版广电总局备案的电视动画片仅一部,572分钟,列全国第 21 位。2012年山东电视动画片创作进步较大,动画片8部,3006分钟。2013年为7部,3218分钟。截至 2013 年年底,山东拥有济南、青岛和烟台三个国家级动漫产业基地,动漫企业447家,从业人员3700多人,其中10家企业通过国家动漫企业认定,动漫产业年产值近25亿元。2014年山东省动漫行业协会在济南成立,首批共 57 家会员单位。协会发展规划显示,未来五年该协会将力争吸收会员不低于100家,建立项目推介及投融资信息交易平台,提升全省动漫企业的原创产品生产能力。数字出版产业呈现出良好的发展势头。

2014年,山东省具有网络出版资质的出版单位14家,进入数字出版业务的单位多达 700家。截至 2013 年年底,全省11家省市两级党报、10家专业类报刊推出手机客户端,向互联网转型,营业收入过亿元。各类电子书出版也全面启动。

七、文化产业发展服务平台逐渐形成

随着国家"互联网+"政策推动，山东省积极实施"互联网+文化产业"规划，建立和完善山东文化产业综合信息发布平台，截至2016年年底，已发布各类产业信息1273条，421个文化项目在线申报，单位注册用户数量772个，并在持续增长，为山东省政府和各地市人民政府制定文化产业相关政策提供决策支持。政府部门组织企业加强文化产业项目宣传推介，先后组织省内多家文化企业参加义乌文化产品交易博览会、深圳文博会、（厦门）海峡两岸文化产业博览会等专业展会，扩大了山东文化企业的知名度和影响力。举办"文化企业无形资产评估与文化产业发展高峰论坛"，组织多期文化产业培训班，培训文化产业从业人员近千名。

八、文化市场逐渐繁荣，文化消费增长势头强劲

2016年，全省人均教育文化娱乐支出1755元，增长12.7%；限额以上单位书报杂志类商品零售额增长23.1%，文化办公用品类增长14.9%，电子出版物及音像制品类增长10.4%，增速分别较一季度提高3.4、8.6、5.3个百分点。截至2017年4月，全省累计票房7.41亿元，同比增长8.3%，共有影院435家，银幕数2360块。

此外，山东省文化产业仍存在不少问题，突出表现为"大而不强"；文化产业中传统产业居多，产业中制造业比重较大，与北京、上海、深圳、江苏等文化产业发展较好的区域相比还有较大的差距；文化产业链短小，文化企业创意不足，产品科技含量低，与新媒体、新科技的融合相对缓慢；核心竞争力不强，缺少全国知名的产业品牌。文化产业与金融、旅游、科技的融合，有待进一步提高，文化产业亟须转型升级，实现跨越式发展。为了促进文化产业发展，山东省政府提出建立文化强省的目标，并且规划了"三区、三园、三带"为核心的文化产业发展布局。"三区"指的是以青岛为龙头的东部滨海文化产业集聚区、以济南为中心的中部省会文化产业集聚区、以济宁为枢纽的西部儒学文化产业集聚区；"三园"指的是鲁文化产业园区、齐文化产业园

区、红色文化产业园区；"三带"指的是黄河文化产业带、运河文化产业带和滨海文化产业带。2015年的《关于加快发展文化产业的意见》提出到2020年，山东文化产业要成为国民经济重要支柱性产业，总体实力和竞争力走在全国前列，成为全国重要的文化产业高地。随之出台了多项重要举措。其中重点提出打破区域限制和行业壁垒，鼓励国有骨干文化企业以资本为纽带实行跨地区、跨行业、跨所有制兼并重组，培育文化产业领域战略投资者。鼓励社会资本和外资通过独资、合资、合作等途径合法进入文化产业领域，允许社会资本以控股形式参与国有影视制作机构、文艺院团改制经营。

第二节　山东省文化产业存在的问题

山东省文化产业仍存在一些不足，特别是不少深层次问题和矛盾制约产业升级和跨越式发展，产业亟须转型升级。具体表现如下。

一、文化产业市场体系建设需进一步规范完善

成熟的文化产业市场体系包括文化要素市场、文化产品市场、文化服务市场。文化产业要素是文化生产的必需资源，文化产业要素市场包括文化设施市场、资金市场、中介市场、人才劳务市场、产权交易市场等，是文化市场的重要组成部分。山东文化市场体系虽日渐完善，但其发展相对滞后，尤其是人才市场，仍然存在阻碍文化人才流通的因素，作为文化产业核心要素，人才的聚集决定了产业的未来发展。此外，文化资源的市场化配置程度较低，市场能否有效发挥资源配置的作用，对文化产品创新性和文化商品的有效供给会产生重大影响。

二、深厚的地方文化资源未得到充分开发利用

山东省作为文化大省，拥有极为丰富的文化资源，齐文化、鲁文化、莒、

东夷文化、黄河文化、泰山文化、运河文化、滨海文化、水浒文化、泉水文化、宗教文化、民俗文化、红色文化等丰富多彩，交相辉映，各种历史文化资源，思想文化资源底蕴深厚，特色明显。但这些丰富的文化资源较为分散，开发创新力度不足。市场现有的文化产品往往地域特色不鲜明，缺乏富有时代特色和时尚元素的创意创新。蕴藏巨大的文化资源，是产业深度发展的基础，但如何有效地开发利用，结合人民群众的需求，转化为富有创意性的产品，是山东省文化产业界需要深入思考的现实课题。

三、文化产业融合度不足，与其他相关产业的联动不足

一方面，文化产业链短小，产业地区分割和行业分割现象普遍，文化资源整合难度大，无法系统地延长价值链和产业链，通过整合实现文化资源的"裂变"和"聚变"；另一方面，文化产业与科技、旅游、服务业等相关行业和产业的融合度较低，新的产业形态较少，文化产业结构方面，以传统文化产品制造业居多，与高科技融合的新兴产业类型少，核心竞争力不强。

四、文化产业聚集度低，规模化程度不够高

缺乏带动力强的龙头企业和产业集群，产业供应链协调能力弱，与成为国民经济支柱性产业的要求还有较大差距。山东省文化企业规模普遍偏小，尤其是企业创新能力不足，导致文化产品缺乏个性，内容与市场需求错位，同质化经营问题严重，后续管理不到位，缺乏持久的吸引力。企业经营理念相对保守，大多数企业不注重文化产品的创新，而是以低价格争夺客户，以致企业利润率较低，文化产业的结构升级困难。文化企业各自为营，无法形成聚集效应，企业协同能力弱，无法形成完整的产业链。

五、文化人才体系建设亟待加强

文化产业人才大体上可分为三种类型：技术创新型人才、创意产业管理

型人才和经营型人才。在文化创意人才结构方面，山东省文化产业缺乏高水平专业人才，后备人才储备严重不足，更缺乏高端创意人才和熟悉资本运作、项目管理的经营人才；现有产业从业者创新能力有待提高。目前，山东文化产业从业人员中，以普通经营管理和技术服务人员为主，创意人才绝对数量少、在人才体系中占比低，且多处在文化创意、策划的具体执行层面，具有较高自主性和创造力的高端创意人才紧缺，跨学科、跨领域、跨行业的复合型人才短缺。原创人才的缺乏，导致山东省创意产业只能实现粗放型的增长，难以实现长久繁荣和可持续发展。人才问题已成为影响和制约山东文化产业快速发展的一大障碍。最重要的是，山东省目前在人才培养和使用机制方面不够完善，与产业发达地区有较大差距。同时，产学研一体化的培养机制不顺畅，一些高校开设了文化产业相关的专业，但是由于培养方式和师资的限制，课程设置比较传统，培养出的人才难以满足目前对高端人才的迫切需要。

六、文化产业发展不平衡

具体表现为产业结构不平衡，地域发展不平衡，市场供需不平衡。文化产业中传统文化产业比重过大，文化服务业比较重较小，新兴的科技型文化产业规模小，发展缓慢，产业融合性的新型业态发育不足。技术密集型、资金和创意密集型的电影产业仍处于发展初期，需要借鉴"鲁剧"成功模式，走出自己的成功之路；地域发展不平衡，全省17地市中，济南、青岛等中心城市发展较好，其他城市文化产业相对较弱；2013年，青岛文化产业文化及相关产业法人单位增加值达443.85亿元，占 GDP 的 5.54%，均列全省第一位；潍坊、烟台、济南、淄博、济宁、临沂六个市文化产业总量规模较大，增加值处于100亿元至200亿元之间；威海、德州、泰安、菏泽、东营、聊城、枣庄、滨州八个市文化产业增加值总量在 50亿元至100亿元之间，而日照、莱芜两市文化产业总量规模相对较小。2015年，营业收入排名前五位的分别是青岛、烟台、潍坊、济宁和淄博，五市规模以上文化企业实现营业收入 5497.7亿元，占 64.8%。文化市场的供应不足和产品过剩同时存在。具体表现为高质量的文化产品和服务供应不足，大量同质化和雷同化的产品过剩，市场充斥重复低水平的作品，比如某类题材动漫产品受欢迎则往往一哄而上，导致大量产品过剩，一部分文化产品制作技术低劣，创意较差。

七、融资机制和平台建设不够健全

山东省文化产业融资体系存在短板，文化产业金融支持体系建设不完善，对文化产业的金融服务存在信息沟通不充分，服务质量较低等问题，尤其是缺乏对文化产业最关键的无形资产评估—定价—融资机制。企业融资方式缺乏有效的手段，更多的是依赖财政投入和银行贷款，社会资本介入和资本市场上的融资渠道依然狭窄。从产业支持平台建设方面看，山东省文化产业组织化程度不高，支撑文化产业健康发展的各类服务平台发展相对滞后，各类行业组织建设和运行不畅，文化产业园区发展水平参差不齐，初级园区运营模式依然占据主流，离集聚型全产业链发展模式的目标尚有不小差距。

八、文化产业市场主体建设有待提高，大部分企业在规模以及创新能力方面不足

各类文化企业是文化产业的市场主体，文化产业竞争力提升以及市场发展繁荣，需要一大批在市场竞争中成长起拥有一流文化技术，一流文化创意人才的企业，形成各类成熟的文化商业运作模式，创立一批国际或国内知名的文化品牌，尤其是需要一大批具有持续创新能力的文化创意企业。山东省文化创意企业竞争力普遍欠缺，大而不强，小而不精，需要在市场竞争中不断成长。

第二章
山东省文化产业竞争力的提升

第一节　政府的文化产业扶持政策

从日韩及世界部分文化产业发达国家的产业发展过程看，政府对文化产业的发展起到重要的作用。对地区政府来讲，刺激文化产业的发展，加强文化产业与其他经济领域的融合能够有效促进经济和社会的平衡持续发展。根据文化产业整体特点，政府可采用的政策可针对五部分：一是积极扶持中小企业发展；二是文化产业立法；三是制定鼓励创新的政策；四是刺激文化市场发展；五是进行文化产业的相关教育和培训。

积极扶持中小企业发展。韩国文化产业的经验也表明，在文化产业发展过程中，政府应该坚持"民间为主，政府扶持"的政策，政府需要着力营造良好的产业环境，维持公平的市场环境，制定相应的法律法规，予以引导规范保障。民间中小型企业作为文化产业市场参与的主体和竞争主体，按照市场经济规律运作，在竞争和优胜劣汰过程中提高文化市场活力和企业竞争力。大量中小文化企业的参与和健康发展是文化产业持续繁荣的根本。政府在推动文化产业发展的着力点和焦点应当放在中小企业上，应对其积极出台扶持政策，进一步夯实产业基础。具体包括：（1）积极扶持小微企业的创设，建设各类商业孵化器等帮助小企业起步发展。（2）为小企业提供融资服务，包括小型和微型融资服务，因为小企业很难找到亟须的启动资金和运营资金。（3）搭建综合支援平台，为中小企业提供创意企业战略决策、财务规划、市场营销等方面的咨询服务、举办研讨会，提高小企业的市场生存技能。（4）在商业化运作和数字化方面提供协助，提高中小企业运用信息、现代通信和新技术的能力。（5）搭建营销支援平台，为中小文化企业进入国内外市场，参与平等竞争提供相应服务。

相关法律和法规的制定。为文化产业运作提供相应的法律法规是政府的核心责任。其中包括：（1）合同法，尤其是与文化产业有效运作的相关法律，使得文化产业活动中不同当事人的权利责任都要有明确的界定和保护。（2）版权法，尤其是需要将现代互联网传播考虑在内，包括使数字化版权得到有效保护的法律。（3）有关反垄断的立法，以及对文化产业跨国企业为控制市场而进行不正当竞争行为的规定。

创新刺激政策。（1）资助文化企业进行的创新项目的研发。（2）通过各种方式，针对发展潜力大的创新项目的商业投资和风险投资。（3）支持创意知识转化，鼓励企业与企业间的合作，企业与大学，科研院所的交流，为知识的流通和商业化应用建立通畅的渠道。（4）通过投资、拨款以及其他机制鼓励创新性企业聚集，刺激企业集群发展文化产业链。

市场开发。政府应采取多种手段推动文化产品的市场开发，包括：（1）为企业提供信息和市场情报服务。（2）鼓励建立产业咨询等中介服务机构。（3）组织企业开拓特定细分市场，通过举办各类会展促进产品销售，包括交易会，博览会等促销活动。（4）为企业提供针对出口市场的相关服务。

产业教育和培训。文化产业持续发展的基础建立在艺术家和从业者的创造性才能和技巧的基础上，需要对这些人员进行持续教育和培训。而这些教育培训的组织、协调和服务需要政府部门来进行。

第二节 山东省文化产业竞争力提升

根据山东省文化产业的发展现状和实际情况，政府及文化产业界可以从以下几方面入手扶持文化产业发展，提高产业的整体竞争力。

一、继续强化政策支撑

政策对文化产业发展具有引导、激励和保障作用。近年来，国家密集出台了《推进文化创意和设计服务与相关产业融合发展的若干意见》《加快发展对外文化贸易的意见》《推动特色文化产业发展的意见》《支持小微文化企业发展的意见》《深入推进文化金融合作的意见》《文化产业创业创意人才扶持计划》《关于大力推进大众创业万众创新若干政策措施的意见》《深入实施国家知识产权战略行动计划（2014—2020年）》《2015年扶持成长型小微文化企业工作方案》《关于促进智慧旅游发展的指导意见》等一系列扶持文化产业发展的政策文件，涵盖了产业融合、文化金融、财税支持、产业用地、小微文化企业发展、文化旅游等多方面政策支持。山东省也相继出台相关政策。2014年的《山东省人民政府关于加快发展文化产业的意见》，2015年的《山东省推进文化创意和设计服务与相关产业融合发展的行动计划》，2017年的《山东省"十三五"时期文化改革发展规划纲要》《山东省文化厅"十三五"时期文化改革发展规划》等重要的产业规划、政策和具有可操作性的配套政策措施，极大地推动了山东省文化产业的进一步繁荣发展，其中的关键是需要切实将各项政策落实用好，为文化创意企业发展提供更加良好的政策环境。

二、继续强化金融支撑，优化文化企业融资环境

资金是文化产业发展的"血液"，文化产业是高风险性的资金密集行业，必须有充分的金融支持。要改变以往主要依赖"政策性投入"的状况，发挥金融的产业"催化剂"作用、资源配置的"调节器"的作用，以解放思想跳出传统窠臼，打通文化产业与金融业对接通道，借助资本的力量实现产业快速发展。2014年山东省出台的《关于深入推进文化金融合作的实施意见》提出，要积极引导全省各类金融机构，针对文化创意企业特点和资产特性，进一步创新文化金融服务体制机制，创新文化金融产品和服务，增加适合文化创意企业的融资品种，开展无形资产质押和收益权抵（质）押贷款业务，推动无形资产会计制度改革。通过"著作权质押＋专业评估""收费权质押＋保证或担保""上市融资＋资产证券化""债券融资＋项目融资"等模式，满足文化产业多元化的融资需求更好地支持文化创意项目和新技术、新产品的开发。同时，要积极打造文化企业信用评价平台和文化要素配置平台，努力探索建立文化资产评估

体系和交易体系，在文化与资本之间架设桥梁，促进文化要素与资本的流通融合，吸引更多的社会资金投入文化产业，畅通融资渠道。加快文化产业投融资平台建设，进一步扩大省级文化产业投资基金规模，鼓励市、县（市、区）设立文化产业投资基金，鼓励银行机构探索专利权、著作权、商标权以及艺术品、应收账款、仓单质押等多种质押贷款方式。支持文化企业拓宽直接融资渠道，积极推动文化企业进入境内外资本市场上市融资，支持中小文化企业到股权交易市场挂牌交易和发行债券，探索开展文化产业项目的资产证券化试点。支持文化产业面向市场融资。引导经营成熟稳定、市场认知度高的文化企业在主板市场、中小板或创业板上市融资，培育文化产业集群和骨干文化企业，打造一批具有竞争力的大型文化企业集团。探索运用企业债券、基金、信托等多元化资金工具支持文化产业发展，引导鼓励文化产业企业采取债券、中期票据和中小企业集合债等融资方式，借助资本市场及货币市场快速成长。

三、强化市场支撑

市场需求是推动文化产业发展的根本动力。一旦需求被激活，文化产业有望迅速成长为国民经济的支柱产业之一，成为拉动、扩大内需的新亮点，没有文化消费市场的有力支撑，也很难实现文化产业的大发展大融合。目前，由于我们的文化消费市场呈现出多层次、多元化、差异化的趋势，面对市场环境和特点，不仅需要文化企业研究新时代人们的新需求，提供不同的文化产品，加大产品供给侧的改革力度，而且需要政府进一步转变职能，更加注重营造公平透明、规范便利的文化消费市场环境。根据我们的文化消费现状和发展趋势，需要进一步提高居民收入，提供闲暇时间，增加文化消费意识，制定和实施鼓励城乡居民文化消费的补贴制度，培育文化市场消费需求，扩大文化消费规模。结合山东省的公共文化服务体系建设，可以继续扩大各类文化产品和服务的政府采购范围和力度，支持有条件的地区建设有特色、专业化的文化创意产品和设计服务的交易市场。引导和支持各类文交会、文创会、动漫会（周）等文化产品展会，坚持"市场化、专业化、国际化"的办展思路，致力于推动文化产品交易，实现从文化产品展示到文化产品交易的提升。

四、继续强化产业服务支撑，完善政策与法律服务，尤其是对知识产权的保护

鼓励文化中介服务机构和组织建设，建立门类齐全，能够有效优化资源配置的中介组织体系。支持鼓励行业协会，制定行业标准，维护行业权益，组织行业交流，在加强政企沟通等方面发挥积极作用。韩国文化产业的繁荣基于完善的知识产权保护法规和成熟的文化市场，政府的角色就是积极推动这些民间企业的创造力量，为其提供服务，给企业创造宽松的市场环境，激发企业的创造意愿和创造力。政府指导成立各级各类知识产权保护协会，举办企业知识产权战略及专利信息运用培训班，普及企业知识产权保护相关知识；加强知识产权保护信息监测平台建设。充分利用行业协会、代理机构的专业优势和市场信息优势建立完备的监控体系，对重点区域和重点行业，进行动态跟踪与监控，从严规范。建立知识产权保护服务协作平台，利用行政指导，帮助企业建立完善知识产权管理组织机构及相关规章制度，同时发挥行业协会的作用，把行业协会作为知识产权保护的重要力量，实现更深层次上的知识产权资源共享和协同模式，建立"政府主导、行业协同"的协作配合机制；建立跨地区的知识产权保护联动平台，形成"一处预警，分级联动"的跨区域联动机制。

五、抓好重点产业，提升产业层次

辩证哲学要求我们抓住事物的主要矛盾，方能打开局面。对于山东省的文化产业发展，也需要抓住重点行业，方能取得事半功倍的效果。文化产业竞争市场是全国范围，乃至世界范围的，不存在错位和差序竞争，那种追求全产业齐头并进的发展的思想很难取得突破，必须结合实际，寻找自身优势产业，突出行业优势，建立品牌。结合山东省实际，可以重点突出抓好下面的文化产业。

（一）抓好创意设计业

现代文化产业的运作逻辑在于"创意"和再造，文化元素在现代市场和高新技术的融合改造下产生新价值，实现产品规模经济向品牌与产品附加价

值为主导的方法转型。应当持续降低文化产业中的文化制造业的比重和物质化产品规模经济的比重，持续提升单一产品和同等规模产值中的附加价值，并且以品牌经营带动附加价值的持续提升。引导文化创意企业，坚持注重创意创新、淡化行业界限、强调大设计理念，加大文化创意对实体经济相关领域的渗透力度，加强传统文化与现代时尚的融合，实现文化元素与现代设计的结合，探索形成地域特色鲜明、现代设计理念先进、交互渗透融合广泛、能满足多样化消费需求的文化产业的发展路径。

（二）抓好电视剧及动漫、游戏产业

韩国的经验表明，在所有的文化产品中，影视文化最具大众传播意义，因为它传播迅速、文化元素含量高、承载的价值集中、影响范围大、传播效果明显等优点，依靠影视、动漫业，可以实现产业跨越式发展，因此大力扶持内容健康向上、富有创意的优秀原创电影、电视剧和动漫产品的创作、生产和传播十分重要。山东省电视剧制作已经逐渐形成品牌，应当继续扶持电视剧的制作，可以与韩国有关电视剧制作机构进行合作，利用对方的技术和传播经验，将鲁剧的品牌做大做强。积极组织推荐优秀动漫作品参评中国文化艺术政府奖动漫奖，组织实施动漫品牌建设和保护计划，鼓励动漫产业与儿童玩具、文化用品、儿童服饰、体育休闲、旅游观光、文化教育、主题公园等衍生产品的积极链接。推广手机以及移动终端的动漫行业标准，鼓励企业面向新媒体渠道的动漫游戏创作。提高游戏产品的积极的文化内涵，培育拥有有自主知识产权的游戏品牌，增强游戏产业核心竞争力和市场影响力。

（三）抓好演艺、娱乐业

通过购买服务、原创剧目补贴、以奖代补等方式，扶持演艺企业创作生产，增强面向市场服务群众的能力。促进演艺娱乐业的科技水平，加强舞美设计、舞台布景创意和舞台技术装备创新，丰富舞台艺术表现形式。促进演艺娱乐业与旅游业等行业紧密结合，鼓励演艺企业创作开发体现中华优秀文化、山东地域特色、面向国际市场的演艺精品。加快演艺基础设施建设改造和文艺演出院线建设。通过扩大宣传、提供演艺信息、文化折扣券等方式扩大演艺市场，活跃文化氛围。支持开发健康向上、群众喜爱的原创娱乐产品和新兴娱乐方式，促进娱乐业与休闲产业结合。

（四）抓好艺术品业

支持多种艺术形式、艺术风格、艺术流派创新发展，鼓励创作更多思想性、艺术性、观赏性俱佳的艺术品。促进传统艺术形式，如非遗、民间艺术与当代设计融合，形成融入当代社会与生活产品，具有现代气息的时尚化的产品，为传统艺术注入活力。加强艺术品市场需求和消费趋势预测研究，促进艺术创作与市场需求对接、与生活结合。推动画廊美术业健康发展，扶持经纪代理制画廊等市场主体，引导、培育和建设艺术品一级市场。鼓励"互联网＋艺术"模式的发展，创新艺术品产业模式与机制。鼓励与科技融合度高的原创新媒体艺术发展。鼓励开发艺术衍生品和艺术授权产品，培育艺术品市场新的增长点。

（五）抓好工艺美术业

发掘中华民族文化元素，突出山东地域特色，在保护多样性和独特性的基础上，促进工艺美术业全面健康发展。保护传承传统技艺，推动传统工艺美术产品融入现当代生活。在保护传承的基础上，支持开发新技术、新工艺、新产品，增加艺术含量和科技含量，提高产品附加值，培育一批在全国有较高知名度的工艺美术品牌。促进工艺美术与科技融合，实施"互联网＋"工程，积极开拓国内外市场。重点加强地毯，抽纱刺绣与工艺家纺，天然植物纤维编制工艺品，工艺美术陶瓷和琉璃制品，雕塑产品，民间、民俗工艺品，花画工艺品，古典红木家具工艺品，玩具等细分行业。

六、扶持中小企业，进一步促进市场主体发育

根据山东省产业大而不强，行业分布不平衡的特点；采取差异化发展战略，既要扶持和打造跨媒体、跨行业、跨地区，辐射全国、实力雄厚、竞争力强的旗舰式大型文化产业集团，也要扶持组建一批"专、精、特、新"的中小文化企业。济南、青岛等文化产业要素齐全，市场发育较好的区域中心城市可以发展大型文化产业集团，其他城市选择自己特长的行业，突出特色。实现精细化和差异化的发展。开展成长型小微文化企业扶持计划，引导和帮助各类小微文化企业增强盈利能力和发展后劲。发挥文化产业园区基地的孵化、服务功能，提供包括发展空间、投融资、公关、财务、法律服务在内的

一系列专业服务，培育具有地方特色的小微文化企业和个人工作室，帮助文化创意企业突破发展中的各类瓶颈，支持文化创意和设计服务企业向专、精、特、新发展，重点培育一批具有较强创意创新能力和发展潜力的中小微文化企业。当然，无论企业集团也好还是促进中小企业发展，都需要尊重市场规律，主要依靠企业内部要素组合和竞争来完成，采取企业竞争，政府推动的手段，才能形成真正具有竞争力大而强的企业集团。

七、促进文化产业集聚发展，延长产业价值链

实现文化产业的集聚发展，单一的文化内容向多样性行业和衍生品领域拓展，这一过程是价值增值过程，进行全产业链开发是提升文化产业竞争力的重要途径。目前，山东省文化产业界可以依托国家级和省级示范园区和省级示范基地，首先支持建设一批主业优势明显、综合效益突出、辐射带动作用强的重点文化产业园区；其次在重点文化产业中选择一批成长性好、竞争力强的大型文化企业或集团，实现跨地区跨地域整合，打造一批文化特色鲜明、产业优势突出的特色文化产业园区，吸纳大量联系紧密的产业群和相关服务机构在空间上集聚，完善产业链，增强产业关联度，建立起政府、企业、高等教育、科研机构四位一体的文化产业合作模式，形成地区可持续发展的竞争优势。实现筑巢引凤向企业孵化的方法转型，不能以办工厂的方式办文化园区，由于目前缺乏大批成熟的文化企业，文化产业集聚园区应当承担孵化新企业和培育龙头企业的职能。应当按照"非禁即入"原则，实施负面清单管理，鼓励社会资本通过多种形式参与文化项目和园区建设。鼓励文化产业园区基地更好地发挥促进创意孵化、加强人才培养、推进产业融合、建设服务平台、培育文化品牌等功能。对产业园区推行动态管理，完善退出机制，严格控制园区基地数量，提高发展水平。

八、促进文化产业融合发展

调整文化产业结构，提升文化产业发展水平，关键在于推进其与相关产

业融合发展。韩国经过十多年的发展，实现了文化产业与服务业和制造业产业的融合，极大地促进了其产业的竞争力。

对山东省来说，第一，应促进文化产业与科技的融合，培育一批特色鲜明、创新能力强的文化科技企业，争创国家文化科技融合示范基地。推进国家文化科技创新工程，实施中国传统工艺振兴计划，引导支持骨干文化企业与科研单位组建技术创新战略联盟，建设一批文化科技创新平台和成果供需对接平台，建立产学研一体化和利益共享、风险共担机制。山东省缺乏高科技文化企业，在这种条件下，宜采取引进国内外先进的科技企业或采用合作的方式，实现文化科技竞争力的提升，促进文化产业与互联网的融合，推动传统行业加速拥抱互联网，注重基于网络的新产品的创意研发。围绕数字游戏、数字音乐、数字影视等重点领域，创新新兴网络文化服务模式，促进动漫游戏、广播影视等产业优化升级。促进文化产业与资本市场融合，推广"文创贷""创意贷"等成熟的文化金融产品，探索建立文化金融合作试验区。

第二，促进文化产业与第一产业的融合，搞好文化农业，培育农业休闲新业态。将农业产业、旅游产业、文化产业三者进行有机融合，推进农、旅、文一体化发展。围绕农业生产、农业产业劳动和农村风貌等要素，推进农业与文化创意、科技发展、生态建设等融合，利用农业的特色与吸引力，附加文化活动、教育培训、餐饮、旅游休闲、养生康复等产业，培育集农业观光、体验、科教及文化传承于一体的农业经济新业态。支持建设多功能主题农业园，培育农业休闲旅游新品牌。加强创意科普和科技惠农，推动都市农业、会展农业融合发展，以文化创意设计提升农产品附加值。加强特色农产品品牌建设，加大农产品商标和地理标志保护力度，促进农业特色化、品牌化发展。

第三，促进文化产业与传统制造业的融合。将创意设计与现代制造业结合起来，加快催生新技术、新产品、新模式、新业态，实现从单纯的产品制造企业向行业综合服务运营商的转型。顺应当代市场需求和现代生活方式，融入传统文化和现代时尚元素，强化文化创意设计在工业产品创新、品牌建设、营销策划等方面的作用，激发个性消费和定制服务需求，延长产业链，提高产品附加值。利用传统工业基地改造升级为文化创意园区，或成为工业旅游基地、特色创意休闲基地等。

第四，促进文化产业与旅游及服务业的融合。通过将文化产品和旅游产品进行创新性组合，催生新的文化旅游业态，是实现文化产业与旅游产业深度融合的重要方式。要合理规划、积极推进文化与生态旅游的融合发展，将山东丰富的地域文化资源建成有知名度和影响力的文化旅游目的地和有示范效应的特色文化产业带。支持文化旅游企业跨行业、跨领域兼并重组，打造文化旅游品牌企业。整合全省旅游资源，建立统一的区域旅游体系。实施"互联网+"战略，加强旅游品牌推广和营销，完善文化旅游服务，加快建设智慧旅游服务体系，积极发展个性化、定制化旅游服务。要进一步加强文化旅游服务功能建设，突出"智慧旅游"，强化"智慧体验、智慧营销、智慧服务、智慧管理"理念，加快催生一批具有独特文化魅力的智慧旅游城市、智慧旅游景区、智慧旅游企业和智慧旅游产品。

第五，对区域文化与传播等强势产业进行跨界联合和价值提升。促进区域间的产业的融合是文化产业一个显著的特点。目前，文化产业已经成为转变区域经济增长方式、促进经济增长质量的重要力量。文化产业的竞争力需要靠优质的文化产品来体现，在全球化的市场环境中，如何使优秀的艺术作品能够在激烈的市场竞争中脱颖而出，并且保持持续的影响力和创意力，不仅对于提高文化产品的市场占有率，同时对于传播我国的文化价值观，提升文化软实力都具有重要的意义。作为一种文化产品，它所表达的文化指向，最终都只有通过商业化的平台来兑现，通过文化产品生产企业与电视台、互联网等大众传播互动平台联合来实现产业扩张。区域间优势产业的横向强强联合可以突破产业拓展瓶颈，实现1+1>2的价值提升。

九、实施人才兴业战略

人才是文化产业发展的第一资源，是文化产业的核心资源，人的主观能动性和创意才能直接决定着产业的兴衰，没有人才，创意产业发展和竞争力也就无从谈起。

当前，需要重点开展文化产业各类创业创意人才扶持计划，制订文化创意人才引进、选拔条件，定期举办各级文化创意大赛，引导各类文化人才大胆创意、创造和创新，促进创意和设计人才的创新成果展示交易，为一批优秀文化创意人才脱颖而出提供平台。加快推动实施"文化产业人才培养工程"。在人才培养的具体举措上，重点组织文化产业在职人员的技能培训、管理培训和相关政策法规培训；继续加强与著名高校，文化产业研究机构，知名文化企业的合作，以培养创新意识、创业精神、创造能力和经营管理水平为核心，围绕文化产业的发展需求，通过市场化的运作，加快人才配置的市场化步伐，推动文化产业人才和人才资源的整体性开发，一方面要拓展人才培养渠道，发挥高校学科齐全和人才集聚的优势，培养文化产业专业人才。扩大文化产业技能型紧缺人才培养规模，加强文化产业急需人才培养，坚持产学研一体化，联合行业协会、职业院校和企事业单位开展人才培育，施行"工作室制""项目引导式""订单式"和产学研结合等新型培养模式。另一方面，将文化产业人才纳入高层次人才计划，通过企业招聘、股份激励机制、产业项目实施等，引进各类高层次、高素质人才。

开展文化产业人才使用机制改革，筑巢引凤、汇聚人才。人才的汇聚一般可以通过两个途径来实现，即自主培养和自觉引进。因此，衡量某区域是否具备发展创意产业的人力基础，关键就看该区域培养或吸引人才的能力。创意人才的培养，始于学校，成长成熟于企业和市场竞争。因此，实现创意人才的培养，不仅要有健全的学校教育体系，而且还要有与之相配套的社会培训、在职培训体系。而创意人才的引进，则需要有优厚的条件保障，包括与之匹配的薪酬保障、住房保障，甚至还需要家属子女保障。同时，提高地区的人文、生活环境以及宜居状态，发挥城市聚集作用，以人性化的软环境，吸引人才聚集。在用人方面，由于部分用人单位缺少针对创意人才有效的激励机制，不能充分调动人才的主动性和积极性，还有企业对高端人才缺乏系统有效的培训和成长机制，导致人才引进来但无法物尽其用、人尽其才。目前，山东文化产业界亟须破除人才引进的体制性障碍。基于创意产业的人才流动性比较强的特点，山东的文化企业首先应参照国内外市场薪酬水平，制定出对内公平、对外具有竞争力的薪酬福利待遇，为创意人才提供良好的生活和工作硬件环境。同时，依靠企业内软环境的打造，在为人才的成长提供更多空间的同时，制定人才援助计划，培养归属感和敬业精神，工作上给予其充足的发挥空间。最后要建立不拘一格的选拔任用机制，国际化的管理机制，科学合理的评价机制，满足人才内在要求的激励机制。

十、实施"走出去"和"引进来"战略

开展国际合作，鼓励文化企业通过收购、合作等方式开展境外文化领域投资合作，拓展国际业务。加快对外文化贸易基地建设，搭建跨境文化商贸服务平台，不断扩大对外文化贸易。2016年中韩自贸协定正式生效，双方目前需要在多个领域进一步加强交流与合作。文化产业领域的交流扩大，将促进文化的相互传播，有助于两国构建更坚固的伙伴关系。山东作为对韩开放的桥头堡，应当利用优势，积极扩大与韩国合作项目，拓展合作形式，尤其是借助韩国成熟的文创产业经验和商业模式，通过多种形式的合作方式，接力韩国，促进山东省文化产业实现跨越式发展。组织推荐企业和项目申报"国家文化出口重点企业和重点项目"，鼓励文化创意企业参加国际知名展会和文化活动，不断拓展文化产品的海外市场。除了支持传统出版行业输出之外，加大对动漫创意、儒家传统文化相关产品、杂技演艺走出国门的支持奖励力度。

当前，文化产业新技术的发明与传播速度越来越快，因此在经济全球化背景下，产业发展中国家具有一定的"后发优势"，能够直接使用最新的技术成果进行逆向整合，加快产业升级和经济发展的速度，韩国就是采用"后发优势"比较成功的例子。所谓"逆向整合"就是指，由于技术升级和产业升级的速度越来越快，前一个发展阶段还没有充分完成，后一个发展阶段便"叠加"其上，从而降低前一个阶段的发展重要性，乃至淘汰之前的技术，最终出现根据后一个发展阶段的重要性重组经济发展的逻辑关系的情形，后发企业可以实现弯道超车。山东文化产业界必须看准抓住下一阶段产业发展趋势，提早布局新业态，在新技术融合、数字内容制作、互联网新技术等方面重点扶持，实现产业跨越发展。

十一、实施文化产品的供给侧改革

文化产业作为具有极高活跃度的创新型业态，是其中极具增长潜力的产业，同时文化产业本身也反映了供给侧改革的复杂性，虽然我国文化消费市场增长迅速，潜力巨大，因为受到制度等条件的制约，文化产业供给落后于

市场需求，在资源使用效益、创新活力、企业竞争力等方面的不足，导致文化产品有效供给短缺和无效供给过剩，一方面市场有大量低质量的内容乏人问津，另一方面优质文化内容却供应短缺，企业产品和服务无法全面满足以年轻人为中心迅速变化的消费趋势，国内需求尚不能满足，更不必谈国际竞争力，大量的无效供给需要在市场中淘汰，文化产业迫切需要整合国内外资源，提高文化品质，形成具有竞争力的文化风格。当前，优质的"数字创意内容"成为文化市场紧缺产品，亟须扩大优化供给。在影视文化产业领域，我国消费市场规模和增速均居世界前列，国家新闻出版广电总局统计数据显示，我国电影票房市场在过去十年中保持高速增长的态势。国内电影票房从 2007 年的 33.27 亿元增长到 2016 年的 457.12 亿元，年均复合增长率达到 33.80%。观影人次从 2007 年的 0.71 亿，增长到 2016 年的 13.72 亿，年均复合增长率达到 34.47%。[①] 中国电影产业在国民经济新的发展形势下实现了稳健增长。以电影票房收入衡量，我国电影市场已经成为仅次于美国的全球第二大电影市场。但相比火热的消费市场，优质影视文化产品供应上严重不足，有竞争力的文化产品严重短缺，电影故事片，2011 年有 556 部，2012 年增加到 893 部，但最终上映院线不到1/3，即使上映院线的少部分里面真正取得经济效益的不到1/3，大部分都是拍完后即被搁置。近几年在海外电影的冲击下，国内电影产业生存状况日益严峻。在动漫产业领域，我国的动漫生产快速发展，从 2004 年 2 万分钟发展到 2012 年的 20 多万分钟，数量上翻了一倍，但有效放映不足一半，更多的低质量动漫产品无法与观众见面。一方面是文化市场产品过剩，一方面叫好又叫座的文化产品却相对不足。这一情况给我们的文化产业改革发展提出了问题和挑战：如何进行文化产业的供给侧改革。一方面，只有提供高品质、有创意的产品，才能刺激消费、创造需求，有效的供给侧改革需要市场化，将文化产品交给市场，市场会有效率地淘汰无效的供给，但另一方面，文化产品同时又承载了社会事业和其他功能，将文化产业完全交给市场也是不行的。市场的力量可以发挥根本性的调整作用，政府的引导同样重要。文化产业供给侧改革的有效推进，离不开体制机制的支撑和保障。而韩

---

① 中国电影发行放映协会，《2016中国电影市场报告》，北京，中国电影出版社，2017年3月。

国的经验表明，文化产业体系的构建是一个长期性、系统性工程，需要顶层设计和引导，从企业孵化与支持、人才培养体系、产品流通体系、文化金融体系、版权交易与评估体系、知识产权保护体系、文化产品国内外营销推广体系等多方面都需全盘考虑，协同规划与落实。这一系列的工程建设是文化产业链成形发展并产生竞争力不可或缺的。上述环节中，政府的顶层设计尤为关键，需要通过改革破除体制性障碍来促进省市区域乃至全国文化产业要素的结构性调整，实现竞争力的提升。山东省文化产业结构中，传统文化产品制造业比重大，科技含量高、创意性强的电影、动漫、广告产业以及基于互联网技术的新兴文化产业比重小，需要大幅度调整，支持数字文化企业和互联网文化企业的加快发展，优化产业结构。

十二、深挖潜力，拓展产业发展空间

山东历史文化资源丰富，首先可以进行历史文化遗产的开发，比如文化遗产的数字化是用技术将非物质文化遗产转换、再现、复原成可共享、可再生的数字形态，并以新的视角加以解读，以新的方式加以保存，以新的需求加以利用。目前，文化遗产数字化已经被认为是当代文化产业发展的一大热点，它不仅是对文化遗产的转化，更是对其再开发和利用，将文化遗产数字化，成为新经济时代一项各地都着力推进的基础工程。互联网技术、信息技术有助于对文化遗产进行更深度的开发利用。其次，大力进行非物质文化遗产开发。山东省有丰富的非物质文化遗产资源，尤其是各地方都有其独具魅力的地方非物质文化遗产，应该借助现代技术手段，将非物质文化遗产产业化，并进而拓展产业链，也是对非物质文化遗产的有效保护。如地方菜艺术、地方曲艺、地方传说、地方工艺品等，由于这项工作关乎民族文化的传承，依赖于公共资源的支持，并且只有在政府和非政府组织、创意企业界和知识界的广泛合作下才能进行，因此需要在公共政策领域加以实施。更重要的是后续的开发利用，这是需要文化产业界进一步思考的课题。

第三章
中韩 FTA 框架下的文化产业区域合作

在《山东省文化厅"十三五"时期文化改革发展规划》中，山东省政府提出，要抓住中韩、中澳、中瑞等自贸区建设机遇，充分发挥山东省文化资源优势，全面对接自贸区文化贸易建设，加强与韩国在娱乐、演艺、影视、节目制作与传输等领域的合作，逐步扩大与欧洲、东南亚等地区交流合作范围。该发展规划为山东省与韩国文化产业合作提出了目标和要求，山东文化产业界应当积极利用中韩自由贸易协定的有关文件内容，同一衣带水的韩国文化产业界加强合作，实现产业优势互补，提升文化产业在国内外的竞争力。

第一节　中韩自由贸易协定（FTA）的签订与意义

近年来，中韩之间的经济贸易往来日渐紧密，中国成为韩国第一大贸易伙伴和第一大出口、进口市场，韩国是我国第三大贸易伙伴国；2014 年中韩贸易额为 2904.9 亿美元，同比增长 5.9%。其中，中国对韩出口 1003.4 亿美元，自韩国进口 1901.5 亿美元，同比分别增长 10.1% 和 3.9%。从世界贸易结构看，中国是世界第一的货物贸易国，韩国则是第九大货物贸易国；从产业结构看，韩中两国产业结构互补性强，且双方产品价格适当，具有较强竞争力，随着两国贸易关系达到了比较成熟的阶段，两国间的自由贸易也水到渠成。

2015 年 11 月，中韩双方签署了结束中韩自贸区实质性谈判的会议纪要；

2016年1月，中韩自由贸易协定（FTA）正式开始实施，该协定是中国迄今为止涉及国别贸易额最大、领域范围最为全面的自由贸易协定，也可以说是中国签订的最高水平的自由贸易协定。协定文本为22章，覆盖17个领域，不仅涉及货物贸易，而且包括服务贸易和投资领域。双方在各自关注的领域内都有一定的让步，韩国在我国关注的速递和建筑服务领域，首次做出超出其所有现有自贸协定水平的承诺；我国也在韩国关注的法律、建筑、环境、体育、娱乐服务和证券领域，根据现行法律法规做出进一步开放承诺。此外，在韩国与其他国家签署的自贸协定中，中韩自贸协定涵盖的获得原产资格的境外加工产品数量最多。双方在协议框架内降低关税，减少审批，着力打造一个东北亚地区最大的自由贸易区。

中韩自贸区的建成将对双边经贸关系乃至未来中日韩东亚区域一体化产生巨大的推动力。根据协定，中国将在最长20年内实现零关税的产品达到税目的91%、进口额的85%，韩国零关税产品达到税目的92%、进口额的91%。届时，中韩之间有望形成GDP高达11万亿~15万亿美元的区域共同市场。据韩国企划财政部测算，今后10年中韩FTA将拉高韩国实际GDP达0.96%，并创造146亿美元的消费者利益和5.3万个工作岗位。中国年均将有418亿美元享受零关税优惠。中韩FTA将拉动中国实际GDP增长约0.34%。

中韩FTA的生效，推进了整个东北亚、东亚地区的经贸合作，为地区经济发展增添了新动力，并且惠及两国企业和人民。[①]中韩FTA生效后，韩国对华出口产品关税将以年均9.7%的幅度递降，约有5779类韩国对华出口产品享受到关税优惠，韩国对华出口每年将至少免除关税54.4亿美元，这将使韩国产品在中国市场的竞争力获得优势，"韩国制造"将在中国日益成长的巨大消费市场中抢占先机。中韩FTA还将助推两国在能源、基础设施建设、信息通信、服务贸易等领域的合作，整合优势资源，共同开拓第三方市场，使双方深化经贸合作的空间变得更为广阔。更值得关注的是，中韩FTA将使两国经济合作的模式发生深刻变化，由过去的"B2B"（企业—企业）模式转换为"B2C"（企业—消费者）模式。之前，韩国企业采用的主要对华经贸方式是，向韩国在中国投资的当地企业供应（出口）原材料或产品零部件，但韩

---

① 参见李敦球：《中韩自贸协定的战略意义》，载《中国青年报》，2015年12月16日第7版。

中 FTA 生效后将迎来市场统合的时代，韩国企业需要同中国的消费者直接交流，中国消费者的喜好将在一定程度上决定韩国企业未来的发展程度。

第二节 中韩自贸易协议关于文化产业的内容及分析

韩国的文化产业起步较早，并在该领域位居亚洲乃至世界领先地位，是世界第五大文化产业强国。近年来，中韩文化产业界的合作越来越紧密，从 2010-2015 年的六年当中，中韩两国文化内容的交易量增加了三倍。许多韩国艺人加盟到中国的电视剧、电影、综艺节目和演艺演出等活动，韩国的综艺节目模式更是在中国传媒领域遍地开花，《爸爸去哪儿》《奔跑吧兄弟》《我是歌手》《花样爷爷》《如果爱》《我的中国星》《妈妈咪呀》《完美邂逅》等众多综艺节目的版权被中国电视台购入、复制、推出，甚至很多韩国影视剧的剧本模式都进行了中国化的翻拍，韩国导演执导中国影视作品也在文化市场取得不俗的业绩。目前，我国的文化产业正随着政策及市场环境的改善而加速发展，文化市场规模不断壮大。在这种情况下，文化产业成为韩国着力向中国推进的强势产业。中韩自贸协定涵盖了金融、电信、电子商务、服务贸易、知识产权等 17 个领域，除了货物贸易自由化方面以外，中国在服务贸易领域解决了韩国在视听合作合拍、出境游、环境等方面的核心关注，2014 年的《中韩电影合拍协议》也反映到中韩 FTA 中，获得了更加确实的保障，为两国文化娱乐领域的长期交流合作与发展提供了法律依据和保障。

《〈中国—韩国自由贸易协定〉文本》①第八章对于娱乐服务做出的安排主要包括：

1. 允许韩国服务供应商与中国伙伴设立合资或契约式合资的演出经纪机构或演出场所企业。韩国投资不得超过49%。中方在契约式合资企业中将有决策权。演出经纪机构可通过中介、佣金代理和代理的形式从事商业演出。演出场所企业可在其场地内举办商业演出。

---

① 《〈中国—韩国自由贸易协定〉文本》，http://fta.mofcom.gov.cn/korea/korea_special.shtml.

2.关于体育和其他娱乐服务，韩国企业可以在中国设立独资企业，从事除高尔夫和电子竞技外的体育活动宣传、组织及设施经营业务。

3.同时，双方还就电影、电视剧合拍及出境游做出相应安排。主要反映在附件8-B和8-C关于中韩合拍电影以及电视剧、纪录片、动画片合作的有关条款。

4.附件8-B第二条，规定了合拍影片全面享受双方现行或将来生效的各自法令所授予或可能授予国产影片的所有权益。双方在文化产业主要领域各自敞开大门，尤其是对于韩国影视产业来说，迅速膨胀崛起的中国文化市场为其带来了巨大的商机。

附件8-B第三条，约定了合拍影片的审批及程序。

附件8-B第四条，约定了双方投入（包括非现金投入）比例，投入比例由双方自行决定，但应介于影片最终创作投入的20%~80%之间。

附件8-B第五条，规定了与第三方合拍影片的事项，可以与第三方合拍电影，其出资比例应该低于双方较低的一方。

附件8-B第七条，人员等入境的便利，给予相关人员入境便利。附件8-B第八条，给予相关器材的进口免税。

附件8-B第九条，在电影发行方面，规定了双方须尽力促成合作摄制影片的全球发行，以增强合作摄制影片在全球市场的竞争力。

附录8-B-1规定了合拍实施方案，包括申请资格及合拍所需的文件资料等。

5.附件8-C约定了双方影视剧、纪录片及动画片共同制作的事项，双方鼓励开展用于播放目的的电视剧、纪录片及动画片共同制作，并将根据双方各自的国内法律法规视情启动电视剧和动画片的合拍协议的磋商。由于此条款对于动画、纪录片和电视剧的合拍并没有具体的规定，这也是需要双方不断探索和突破的领域。

中韩FTA中关于双方扩大文化及服务贸易领域开放的协定，被韩方视为持续在中国市场创造"韩流"热潮的契机。根据中韩FTA协定，韩国企业在与中国企业合作时，最多可以持有49%的股份。此外，在中国国内，韩国广播节目的保护时间从20年增加到50年；除了中韩合拍影片在中国市场享受国产片待遇之外，两国政府还将积极促进建立规模2000亿韩元的国际合作基金，以推动两国文化产业合作。中韩 FTA 框架下两国文化产业的政策和信息交流，将更进一步拓展双方文化产业合作，激发共同创作与联合制作，密切和加深文化企业之间的交流合作，促进中韩文化贸易的快速发展。在如此大背景下，中韩文化合作交流被寄予厚望，双方将联手打造面向世界与未来的中韩文化产业合作模式，共同提升两国文化产业的国际竞争力。随着中韩 FTA 的生效及中国出台文化产业和中韩合拍电影的相关支持政策后，中韩影视的深度整合加深，中国资本对韩国娱乐产业的投资热持续升温。2016 年，国内较大的文化产业公司已有阿里巴巴、腾讯、百度、万达、华谊等企业均入股韩国娱乐公司，布局中韩文化产业合作，影视、音乐、漫画、游戏、出版、广告等在内的"韩流"文化产业替代房地产成为韩国力推的中国市场拓展的利器，中国文化产业也在资本和外部环境的共同作用下加速变革。

中韩两国在文化产业方面各有优势，这是双方能够深入合作的基础。韩国电影在剧本和类型片的制作方面经验丰富且形成成熟的商业模式，中国在文化市场规模，发展前景和资本方面拥有优势，双方可以实现优势互补，取长补短，联合制作影视作品开拓第三方市场。实际上，韩国影视公司已经成为中国影视公司重要的海外战略合作伙伴，双方多年来从内容生产、演员合约到资本投资有不少合作。今后双方的合作将是资本、创作、人员等方面的全面合作，从过去的演员、导演简单合作，转变为共同开发某个知识产权项目的深度合作。通过双方合作，韩国先进的影视制作、管理方式、特效技术、市场营销等方面的经验得以大规模引进国内。同时，中韩 FTA 也将带动影视周边产品的商业模式进入中国市场，而我国国内的影视衍生市场还处于初级阶段，韩国的相关开发经验将给中国影视周边产业带来新的盈利模式。

目前，中韩影视合作虽然取得较大的成绩，但还存在不少问题，需要进一步加强合作。两国在市场和文化方面的差异导致了一些市场壁垒的出现，这些差异是两国产业深入合作必须首先考虑和克服的问题。首先，双方文化娱乐市场体制存在差异，电影目前是中国娱乐行业最具活力、发展最快、市场化程度较高的行业，艺人培养体制多由艺术学校培养，然后进入影视业，再进入音乐等娱乐领域；但韩国娱乐业由音乐推动，艺人大多先由经纪公司培养成歌手，然后再进入其他娱乐领域；此外，互联网的发展使中国艺人的营销成本变得非常低廉,不太需要经纪公司,艺人收入较高;韩国还是经纪公司控制艺人的体系,艺人的收入受市场和行业规则限制,相对较低。其次,中韩差异还表现在审查体系上,中国对影视有相对严格的管理政策与审查制度,韩国影视采取分级制,基本无须审查;此外,中国文化市场宽容度不够,企业欠缺契约意识,观众的消费习惯和消费心理等方面与韩国都有差异,这些因素都制约着两国影视及娱乐业的深度合作。

中国电影市场竞争激烈,2011—2015年每年拍摄有600多部影片,但上映的不足二分之一,能够收回成本和赢利的则更少,参见国家统计局社会科技和文化产业统计司,《2015文化及相关产业统计概览》,北京:中国统计出版社,2015年12月版,第44—45页。从2015年的数据看,数量占4%的影片占据了56%的票房,超八成以上的影片票房总份额只有11%,竞争之大可见一斑。目前,中国影视创作在设备、影像质量等硬件技术上都已达到了较高水平,但在内容、故事和制作上与市场需求仍然存在差距,而韩剧在编剧、细节和戏剧逻辑冲突的处理上经验丰富,韩国娱乐产业缔造的原创作品、明星、流行文化受到中国主流消费群体的欢迎。两者合作关键在于选取适应当前消费市场的项目,全面考虑双方文化市场的特点,避免过于褊狭,导致文化产品水土不服现象。在影视剧的改编和拍摄过程中,外来文化产品只有本土化才能取得较好的效果,应善于发掘目标市场的观众的思维习惯和文化特点。当前,一些中国公司聚焦于美国好莱坞的电影行业,以期制作出具有中国特色的好莱坞大片。美国电影公司拥有较高的专业技能,但资金紧张且厌恶风险,而中国公司资本充足,愿意冒险,这种关系有一种天然的互补性。中美合拍的电影虽然努力在中国文化元素与迎合国际票房间取得平衡,但结果却并不尽如人意。与中美合作相比,中韩电影合作的空间却非常大,文化的相似性和亲和性使得双方合作更容易取得成果。

中韩文化产业间的合作前景广阔,双方合作着眼点不应仅局限于双方的国内市场,更重要的是开拓广阔的第三方市场,不仅要占领亚洲市场,还要拓展欧洲和北美市场,并把影响扩展至世界其他地区。目前,好莱坞娱乐业通过成熟的市场运作机制来制造文化工业品占据世界娱乐市场,但好莱坞模式注重视听效果塑造,宣扬个人英雄主义及自由价值,同时也会带来一些负面因素。韩国文化产业受儒家文化的影响，更加关注社会和个人心理，题材更加多样，两国文化产业深度结合，可以创造出与美国好莱坞不同风格的东亚文化产品，在世界文化市场中争得话语权。

第三节　中韩 FTA 框架下山东与韩国文化产业合作

一、山东与韩国文化产业的合作优势

（一）文化渊源深厚

山东作为儒家文化发源地，对韩国产生了较大的影响，两地民间交往历史，合作交流频繁。儒家传统文化对韩国社会文化影响深远，山东的社会文化与韩国文化相似度较高，双方容易取得信任，达成共识。此外，大量山东籍韩国华侨也拉近了双方的文化距离，双方企业更容易在对方开展经营活动。山东重视韩国语教育，先后有 20 余所高校开设韩国语专业，多年来培养了大批韩国语人才，为双方深入合作储备了大量人才智力资源。同时，山东各类教育机构所招收的韩国留学生数量在全国也居于前列，频繁的人文交流为经济深度合作奠定了深厚的基础。

（二）独特的区位优势

山东与韩国隔海相望，地理毗邻，文化相近，在中国对韩交往中始终处于前沿位置，具有独特的区位优势。山东与韩国港口间的航距约为 300 千米，每周定期航空航班有 300 余架次，1 小时即可到达；每周客货滚装轮渡 54 艘次，夕发朝至；每周直达集装箱班轮 32 艘次，海运进口货运量占全国比重为 17.55%（2014 年），海运出口货运量占全国比重 25.82%（2014 年）。1990 年，早在中韩正式建交之前，威海市就已率先开通了我国至韩国的第一条海上航线，续接起了山东与韩国历史悠久的"海上丝绸之路"，特别是我国与韩国建交以后，山东对韩经贸往来发展迅速，韩国迅速成为山东第二大贸易伙伴和第一大进口来源国。

（三）政府和民间交流密切

山东各级政府部门赴韩国交流频繁。近年来，山东地方政府与韩国近20座城市间建立起友好城市关系，双方交流合作领域不断拓展，特别是青岛、烟台、威海等与韩国仁川，大邱、蔚山、群山、原州、丽水、富川等友好城市之间的协作越来越密切，共同推进了双方经贸往来与合作。山东各级文艺团体和文化单位赴韩的文化演出、艺术展览等人文文化交流活动在韩国的影响日益扩大。地区间文化旅游业蓬勃发展，特别是韩国济州岛对中国游客免签政策，极大促进了山东游客赴韩国旅游的热潮，带动了服务业和零售业增长。旅游属于综合性全方位的文化交流和体验活动，包括了食、住、行、游、购和娱乐等，山东与韩国旅游合作更加深化了两地民间的密切关系。

（四）双方经贸合作不断发展

中韩建交以来，山东与韩国双方贸易额逐年上升，双方进出口贸易的主要方式是加工贸易，约占总贸易额的60%。山东向韩国出口较多的是农畜水产品、服装纺织品、机械、钢材等劳动密集型产品，韩国作为工业化发展水平较高的国家，比山东处于更高的产业发展层面。由于双方产业流动，形成了韩国电子、机电产品、小家电、汽车等附加值较高的工业产业向山东输出的格局。从总体上看，中韩贸易结构以工业产品为主，山东向韩国出口技术含量少、附加值低、价格低廉的商品而从韩国进口技术含量高、附加值高、价格高的产品。由此形成了垂直互补型的双边贸易。（见表34）

表34　近十年韩国和山东的贸易额（单位：美元）

年度	出口额	上年增减率（%）	进口额	上年增减率（%）	差额
2005年	47,879,011,867	28.7	41,464,318,328	28.6	6,414,693,539
2006年	60,390,391,401	26.1	50,321,976,756	21.4	10,068,414,645
2007年	78,343,251,946	29.7	62,585,262,542	24.4	15,757,989,404
2008年	96,811,753,738	23.6	90,576,344,504	44.7	6,235,409,234
2009年	82,728,020,756	−14.5	80,140,462,379	−11.5	2,587,558,377
2010年	110,330,901,932	33.4	114,290,893,199	42.6	−3,959,991,267
2011年	134,581,389,091	22	149,499,936,155	30.8	−14,918,547,064

2012 年	135,997,550,035	1.1	159,662,781,853	6.8	−23,665,231,818
2013 年	141,988,052,086	4.4	173,019,394,767	8.4	−31,031,342,681
2014 年	155,172,761,732	9.3	174,274,103,780	0.7	−19,101,342,048
2015 年	148,841,639,477	−4.1	131,441,038,129	−24.6	17,400,601,348

资料来源:【韩国贸易协会 KITA】(http://stat.kita.net/stat/istat/cts/CtsItemImpExpDetailPopup.screen)

从上表中看出, 2008 年的金融危机后, 2009 年双方间的贸易额出现下滑, 但随后即迅速恢复和上升, 近五年来, 山东对韩贸易额表现出较大的增长, 并产生较大的贸易顺差, 贸易结构失衡现象得到一定程度上的缓解。此外, 山东对韩投资额也逐年上升(见表 35), 且保持较高增速, 两地经贸关系更加紧密。

表 35　近十年山东对韩国投资状况

年度	项目数(个)	核准投资总额(万美元)	核准中方投资(万美元)
2004 年	12	434	214.9
2005 年	23	916	913
2006 年	25	467	423
2007 年	29	843	636
2008 年	29	1,725	1,070
2009 年	30	2,311	1,854
2010 年	23	3,880	1,745
2011 年	20	13,069	12,591
2012 年	19	9,191	5,929
2013 年	15	8,128	6,916
2014 年	28	–	9,033

资料来源:【山东统计信息网】(http://xxgk.stats-sd.gov.cn/)

(五)文化贸易和出口业务不断拓展

经过近年的市场开拓,[①] 山东文化产品出口规模不断提升, 在出口结构上形成了乐器、印刷品、特色工艺品等优势领域; 核心文化产品出口获得突破, 文化遗产、印刷品、声像制品、视觉艺术品、视听媒介和特色文化产品

① 参见陈锐:《山东省文化贸易现状制约因素及对策建议》, 载《价格月刊》2014年07期, 第64—66页。

等六大类13项产品均实现出口；视频游戏控制器及设备、刺绣、木雕制品、绘画等出口实现了迅速增长，电影、音像、动漫、网游等核心文化产品和服务出口虽有突破但增长幅度较为缓慢。2015年，由山东影视传媒集团制作的人气古装电视剧《琅琊榜》在韩国电视台中华TV频道首播，且成为热点话题。2015年，有62家企业被认定为山东省重点文化产品和服务出口企业，有8家企业和4个项目分别被认定为2015—2016年度国家级重点文化出口企业和出口项目，分别占全国总数的2.26%和2.8%，数量和规模远远落后于北京（70家企业）、上海（34家企业）、江苏（23家企业）、广东（24家企业）、安徽（23家企业）等许多省市，这与山东省作为国家经济文化大省的地位严重不符，山东文化产业迫切需要借助中韩FTA的机遇来加快核心文化产业的跨越式发展。

第四节　文化产业区域合作方式探讨

一、利用 FTA 相关政策

2016年是中韩自由贸易协议（FTA）生效的第一年，山东应当充分利用FTA生效带来的综合效益，包括双方在关税、服贸、金融、法律、电信、自然人和签证等方面给予的便利，拓展合作领域，提升与韩国的经贸关系，结合山东省文化产业的实际，寻找设计文化产业合作项目，发展优势产业，提升弱势产业，提高山东文化产业的竞争力。

（一）重点发展对韩文化旅游产业

旅游业不仅投资收益见效快，产业关联度大、涉及面宽、拉动力强，而在创造相关企业的增值方面也是最有成效的，对稳增长、调结构、惠民生等意义重大。山东文化旅游资源丰富，不仅有孔孟泰山等传统文化旅游资源，更有青岛、威海、烟台等沿海城市所具有的温泉、滑雪、钓鱼、游泳、登山、高尔夫等文化休养型和休闲旅游资源，能够满足韩国游客多重需求，发展潜力巨大。文化旅游产业也是山东文化产业发展较好的产业，基础设施相对完善，中韩之间的旅游交流密切，中国是韩国游客首选旅游目的地，从 2010 年开始访中游客就突破 400 万人次，而且保持高速增长；而据韩国旅游发展局的数据，2014 年访韩中国游客达到 600 万人，预计到 2018 年将突破 1000 万大关，双方合作具有潜力。中韩自由贸易协定允许韩国服务提供者可在中国建设、改造和经营饭店和餐馆设施。允许设立外资独资子公司开展业务，允许与在中国的合资饭店和餐馆签订合同的韩国经理、专家包括厨师和高级管理人员在中国提供服务。这将会大大提高韩方赴中国旅游的便利性。山东可以作为韩国游客旅游目的地和周边地区赴韩旅游中转站、桥头堡，可针对韩国游客进一步开发文化和历史等相关旅游项目以及相关配套服务产业，优化旅游产品，提高服务质量，加强硬件建设，开发创新性的旅游产品，如中医药文化养生游、体育休闲文化游等。中韩双方旅游产业的合资与合作，可以发挥各自所长，优化组合对方的优势资源：在对方国家设立法人，将韩国旅游管理经验与规划设计优势与山东的旅游资源优势相结合，期待能发挥出更好的综合效应。山东旅游业应当抓住 2016 年中韩自由贸易协定生效的有利契机，全力搞好与韩国旅游部门和企业的对接合作，推进旅游产业再上一个台阶，力争将山东文化旅游产业打造成东北亚区域性强势产业。

（二）发展体育文化产业

当前，体育文化产业作为一种高附加值产业，联结生产、服务与消费，兼具社会公益价值与商业价值，既具有强大的经济功能，又能够产生良好的社会效益，受到各国普遍的重视。随着经济的发展，体育产业本身作为服务业重要组成部分，为现代经济发展注入动力。韩国休闲体育文化产业发展程度较高，体育服务业发达，随着现代人对全民体育活动的重视，体育产业市场不断壮大，体育产业已成为韩国经济的支柱产业之一，目前的市场规模占韩国国内生产总值的 4% 左右。根据中韩自贸协定，韩国企业可以在中国设立独资企业，从事除高尔夫和电子竞技外的体育活动宣传、组织及设施经营业务。韩国较早制定了《体育产业振兴法》，体育产业化十分成熟，在体育用品技术及设计业、体育中介和服务业等方面积累大量经验；2013 年，韩国政府制定了新的"体育产业中长期发展规划"，确定了"通过体育产业的融合创造未来增长动力"的发展方向。韩国体育产业发展重点将从体育用品的生产转向"材质尖端化"以及"设计新颖化"体育新产品及生活体育产品的研发，将体育产业和尖端信息通信与科技相结合，投入资金支持 3D 打印机技术在体育产业的创新应用、穿戴式体育传感器，以及赛事演示技术领域的开发。如一些高科技的休闲泳装，带有卫星定位和抗低温功能的智能救生衣，以及健康体能测试仪等。近年来，山东省体育文化产业开始加速发展，从最初的体育用品加工业，到现在正在蓬勃发展的体育服务业、体育赛事，随着社会经济的发展，逐渐成为重要增长经济领域。目前，山东体育用品制造及服务业正处于产业升级阶段，与韩国体育文化产业合作，引入韩国文化制造企业可以形成产业互补，提高山东省体育文化产业的竞争力。

（三）合作发展电影产业

中韩自贸协定（FTA）签订后，中国企业加大了对韩文化内容（游戏、电影等）、化妆品、IT 等行业企业的并购力度。2016年初，阿里巴巴集团收购了韩国第一大娱乐公司 S.M.ENTERTAINMENT4% 的股份，对中韩文化产业合作展开精心布局，SM 娱乐公司将与阿里巴巴深度合作，并与天猫以及阿里旅行合作，针对 SM 的多种产品设计电商营销方案。除了合作推广音乐、开网店卖明星周边产品、粉丝接触偶像的旅游线路外，SM 还将和阿里影业合拍影视剧，获取独家发行权。阿里影业还投资了金秀贤的最新电影《REAL》，获得《REAL》在国内的独家发行权，并参与其全球票房分账。万达集团在收购好莱坞传奇娱乐（Legendary Entertainment）后，同样抓住中韩自由贸易机遇进入韩国文化产业，入股韩国特效工作室 Dexter Studios，而且与韩国衣恋集团合作组建文化旅游公司，拓展双方文化旅游市场。山东电影产业属于产业短板，可借鉴阿里巴巴等集团的商业模式，与韩国娱乐和影视企业展开合作，寻找适合的合作项目，拍摄电影，尤其是动画电影方面，电影属于创意密集型产业，双方合作比较容易出成果；合作方式可以考虑中方出题材，韩方出创意、出技术与营销方案，以期在电影产业取得突破；此外，山东文化企业还可以入股韩国经纪公司，复制韩国电影工业产业链，使山东省电影产业竞争力获得提升。

（四）拓展电视剧、纪录片等合作

中韩自由贸易协议附件8将两国合作拍摄电视剧和动漫作品纳入第二阶

段协商，值得重点关注。中国与韩国历史交往频繁，文化交流源远流长，许多著名历史人物被两国人民所熟知，从东渡求仙来到济州岛的徐福，到金身坐化九华山的新罗王子金乔觉；从在唐朝求学为官的"东国儒宗"崔致远和唐朝与新罗关系友好的开拓者张保皋，到东渡高丽、开创孔子后裔半岛一脉的孔绍；从明朝大败倭寇的李如松、李舜臣到击毙伊藤博文的义士安重根等，以这些人物和历史文化交汇点来拍摄电视剧值得尝试。此外，也可采取双方商定剧本，由韩方负责制作和导演，由中方负责演员的合作方式，这种韩方直接参与制作中国电视剧的合作方式，各取所长，也是有效的合作形式。双方合作重点还可以放在拓展互联网内容产品方面，互联网题材更容易打破文化差异，使双方之间的合作更直接。目前，互联网对文化产业的影响十分明显，互联网市场一般由观众主导，无论在中国还是韩国互联网的使用者都是年轻人，他们的关注点和审美具有相似性和一致性，所以互联网的年轻群体将创造新的文化潮流，甚至以后的内容产品题材也会由年轻观众决定。随着互联网和视频网站的发达，一种超越国界和文化的审美趋势将逐渐成形，年轻人的审美会越来越接近，对于内容的接受度也更加宽容。山东影视剧制作界可以跟韩国的互联网制作公司合作，将两地互联网流行内容改编成影视剧，由此角度开拓双方乃至第三方广播电视市场更容易取得成果。从剧作选题、优秀剧本、编剧人员、影视剧版权互联网交易、新媒体运营、网络定制剧、周边产品等各领域共享资源，其中以影视剧版权互联网交易为代表的互联网金融是一个产业发展新趋势。

（五）加强动漫与游戏产业合作

经过几年的培育，山东省动漫产业不断繁荣，动漫市场发展步伐急剧加速，2012 年全省动漫企业已发展到 447 家，年产值近 25 亿元，共有 15 家企业通过国家动漫企业认定；2015 年底，山东省已建成 4 个国家级动漫产业基地，动漫协会、公共服务平台等相关配套条件都在进一步完善中。但山东省的动漫产业发展仍遇到不少制约因素，如管理机制落后，产业链不完整，缺乏盈利模式，乃至文化创意力不足，人才实践经验不足，企业间同质化竞争，难以形成分工协作等都成为制约动漫产业发展升级的瓶颈。韩国动漫产业发达，有着先进的管理制度，丰富的策划、制作、营销经验，产值仅次于美国、日本，目前，韩国动漫游戏业已超过其发达的汽车工业，成为该国第三大支柱产业，山东省动漫企业可与韩方展开合作，借鉴、移植其较为成熟的市场化商业模式，改变传统动画生产模式，提高产业效率。2016年，韩国MOGGOZI工作室与广州乐淘动漫设计有限公司合作制作的动漫片《帮帮龙出动》在中韩两地开播，取得了很好的效果，其资本、技术与创意相结合的合作模式值得山东动漫产业界参考。

更值得注意的是游戏产业的合作。我国游戏市场规模巨大，并将持续高速增长。据中国音数协游戏工委（GPC）、伽马数据（CNG）、国际数据公司（IDC）联合发布的《2017年中国游戏产业报告》显示，中国游戏产业正进入快速发展的时期。报告指出，2017年中国游戏市场实际销售收入达到2036.1亿元，同比增长23.0%。自2014年出现的收入增长率下滑的情况在2017年得以缓解，中国游戏市场表现出良好的发展态势。2017年国家新闻出版广电总局批准出版游戏约9800款，其中国产游戏约9310款，进口游戏约490款。在约9310款国产游戏中，客户端游戏约占1.5%，网页游戏约占2.3%，移动游戏约占96.0%，家庭游戏机游戏约占0.2%。移动游戏用户规模达5.83亿，同比增长3.1%；全年海外市场销售达到82.8亿美元。同时，据工信部发布的《2017年中国泛娱乐产业白皮书》，2017年，中国动漫核心用户将超过8000万，被称为"二次元"人群总数将超过3亿，且97%以上是"90后"和"00后"。动漫市场在2017年预计将增长至1500亿，随着"90后""00后"消费潜力不断释放，国内动漫行业迎来新的商业模式和发展机遇。韩国作为游戏产业强国，游戏产业是其对外出口规模最大的文化产业，而山东省游戏产业相对薄弱，面对巨大的市场前景，需大力提升游戏产业竞争力，与韩国游戏开发企业合作开发游戏产品，打造游戏平台，分享市场信息和经验，联手开展各类游戏的本土化和市场营销等方式也是山东省提升游戏产业竞争力的合理途径。

二、加强产业合作方式的创新

（一）加强政府层面的沟通与交流，推动地方企业深度合作

山东省地方政府，如青岛，烟台，威海等地政府与韩国仁川，大邱、蔚

山、群山、原州、丽水富川，首尔的龙山区和华城市地方政府有着密切的交流与合作关系；基于此，中韩自由贸易协定还首次纳入地方经济合作和产业园建设条款，将山东威海和仁川自由经济区作为地方合作示范城市，并在烟台设立中韩产业示范园区。这为威海和烟台提供在中韩自贸区框架下加强对外开放合作的历史机遇，在中韩跨境电子商务、旅游、医疗、现代物流等多个领域争取到了先行先试政策。随着第二阶段谈判的启动和完成，中韩自贸区建设还将在服务、投资等领域达到更高的自由化、便利化水平。山东应当充分发挥在中韩经贸合作中这种独特的优势，迅速抓住中韩 FTA 实施的机遇，利用好政策红利，充分利用两个市场，实现优势互补，实现产业升级。各地方政府也应利用双方合作的良好基础，积极发挥主动性，积极沟通企业，了解双方企业在合作过程中遇到的实际困难，加强互访交流合作，设计适合企业的服务方案，促进双方企业合作。同时，山东文化企业作为双方合作的主体，更应当发挥主动性，设计好对接合作项目，主动走出去寻找合作契机，拓展产业发展空间。

（二）走出去，引进来

韩国在文化产业领域拥有相对先进的技术和较高的服务水平，但是受资金不足、市场规模狭小等因素影响增长受限。FTA 使得双方金融市场更加开放，为双方资本参与对方市场创造了条件，同时也为中国入股韩国文化产业龙头公司提供有利条件，韩国文化企业与中国市场、中国资本与韩国创意取长补短、相互结合而产生的协同效应将进一步放大。目前，已有相当多的国内企业入股韩国娱乐公司，山东也可以通过韩国资本市场进入快速发展的韩国文化产业，选择其具有发展潜力的大型娱乐公司，进行资本深度合作。同时也可以在目前文化产业园区的基础上，进一步发展中韩文化产业园区，引进韩国娱乐界的代表企业，中介公司、演艺公司等满足娱乐市场的多样需求。文化企业可以通过与韩国企业合资的方式，或在当地成立分公司，以举办公益演出和商业演出相结合的方式来开拓当地市场。中韩 FTA 不但会促进中国的公司通过并购、入股等方式进入韩国，也促进了韩国企业在中国境内设立新的业务和公司。韩国中介企业和演艺企业可以通过合资、合作的形式在中国开展演出经纪、演出场所经营等业务，山东应当制定政策，引进这些企业落户，为山东文化产业带来多重效益。

（三）对方IP（知识产权）本土化开发

韩国文化产业快速发展最根本的推动力就是富有活力的创意人才，源源不断的文化创意，大量的新创意和知识产权保证了其文化工业的竞争力，这也是我们文化产业发展所亟须的资源。中韩文化接近且同中有异，大量的创意及知识产权可以直接复制于我国文化产业中，尤其是那些已经取得成功的、经过市场验证的IP，成功的概率更高，因此IP本土化开发成为中韩文化产业合作有效的方式。近年来，中国文化娱乐界已有不少尝试，如影视剧的翻拍、电视节目的改编等，其中邀请韩方制作人员，包括管理人才、制片人才、导演、编剧、演员等对IP进行合作开发等是常用的方式。

山东广播电视业可以直接与韩国各大广播公司开展合作、洽谈，摸索合作方案，还可引进韩国热门的广播电视节目的版权，特别是比较受市场欢迎的综艺节目、人文节目等，此外，寻找共同题材，共同出资，共同制作，共同开发原创文化项目，开发适合双方市场的电视剧、纪录片等内容题材和项目，携手扩大全球文化产业的市场份额；还可与对方在线电视合作，设立合作频道（包括网络频道），寻找人们感兴趣的、具有共通性的题材内容和流行元素，制作"汉风"内容和"韩流"节目，开拓全球网络大市场；双方也可成立合资法人合作运营相关广播电视频道，面向中韩乃至全球观众，扩大韩中两国文化影响力，带动双方的投资、贸易、旅游等进一步融合，推动交互式网络电视在双方市场的发展。

（四）加强人员交流，培养产业人才

人才是发展创意文化产业最为重要的要素，中韩自由贸易协定提升了中韩两国娱乐文化市场的开放程度，强化了文化娱乐产品版权保护的力度，为两国娱乐文化的长期交流与发展提供了保障，同时也必然提升对熟悉中韩两国文化的人才需求。中韩自由贸易协定（FTA）将使中韩人员交流更加便利化，韩国的文化产业人才更容易进入中国市场，鉴于中国市场的规模和潜力，韩国文化产业整体水平较高，并且有着比较完善的法律和产业制度保障，因此在合作初期阶段，韩方的内容产品及技术人才对中国的影响力可能会超过中国文化产品在韩的影响力，但同时我们可以从合作中获取对中国文化产业发展

有帮助的东西，特别是关于人才培养模式、产品创意过程、市场营销推广等方面的先进经验，最终实现产业的升级和竞争力的提高。随着中韩自由贸易协定（FTA）的生效，除了中韩合资文化企业进驻中国之外，同时将有更多韩国影视产业专业人才来华发展，山东应利用便利的区位和对韩交往的综合优势，积极出台优惠政策，吸引韩国文化产业人才来鲁创业、交流、合作、发展，在合作和交流中着力培养山东文化产业急需的各类人才，提升文化产业竞争力。

（五）推进地方合作

中韩 FTA 协定第 17 章 25 节中规定，"将山东省威海市和仁川经济自由区定为中韩 FTA 经济合作示范城市"。为构建 FTA 时代两国间新的商务模式，两国决定将威海市和仁川市定为示范城市。山东省应抓住机遇，积极支持示范城市间的互动合作，通过示范合作城市间的文化产业合作来取得相关经验。FTA 签订以来，威海与仁川两市积极行动，召开了双向投资说明会以拓宽交流渠道，先后协力推进旅游、电子商务、通关手续、检验检疫、港口等领域的 26 个项目的进展，取得了积极效果。

中韩文化产业合作发展，既有中韩两国政府、政策和 FTA 相关条款支持，两国之间在文化上互相认同，经济上紧密联系，文化娱乐界交流融洽，新的合作项目和利益纽带将把两国文化产业连接在一起。随着 FTA 协议生效，双方的文化产业通过政府沟通，企业合作，把项目推进、人员交流、信息流通、市场开放等捆绑在一起，必将产生一批富有魅力的文化产品。

中韩文化产业的真正合作需面向未来。面对新形势，中国企业需要改变只顾当前利益的短期意识，立足长远，抓住时机推动两国文化产业间的合作。我们应该把握的原则是，无论合作还是合资其根本目的都是要以我为主，增强本国文化产业的内生力，从根本上增强自我原创能力，在合作中创新产业管理机制、创意过程、制作流程、市场营销、商业模式等，而不能只注重眼前的经济效益，满足于商业性文化产品的引进，应通过合作和创新，推出富有特色的全球化文化产业模式，利用对方比较成熟的营销渠道将我国文化乃至东亚文化的魅力广播于世界。

参考文献

[1]　韩国文化产业白皮书委员会，《2014 年文化产业白皮书》

[2]　韩国文化产业白皮书委员会，《2015 年文化产业白皮书》

[3]　韩国文化产业白皮书委员会，《2016 年文化产业白皮书》

[4]　韩国文化产业振兴院，《2016 年动画产业白皮书》

[5]　韩国文化产业振兴院，《2016 年漫画产业白皮书》

[6]　韩国文化产业振兴院，《2016 年音乐产业白皮书》

[7]　韩国文化产业振兴院，《2016 年电影产业白皮书》

[8]　工信部，《中国互联网络发展状况统计报告 2017》

[9]　工信部，《2017 年中国泛娱乐产业白皮书》

[10]　商务部，《中韩自由贸易协定文本》

[11]　[11]中国音数协游戏工委，《2016 年中国游戏产业报告》

[12]　山东省文化厅，《2015 年山东文化发展统计分析报告》

[13]　山东省文化厅，《2014 年统计数据——公共文化设施从业
人数综合年报》

[14]　山东省文化厅，《2014 年文化部门机构数、从业人员数综
合年报》

[15]　山东省文化厅，《2013 年文化部门机构数、从业人员数综
合年报》

[16]　山东省文化厅，《2013 年公共文化设施从业人员数综合年报》

[17]　山东省统计局，《2010–2016 年山东省国民经济和社会发
展统计公报》

[18]　山东省发改委，《山东省文化产业转型升级的对策研究》

[19]   国家统计局社会科技和文化产业统计司，《2015 文化及相关产业统计概览》[M].北京：中国统计出版社，2015（12）．

[20]   ［韩］姜锡一、赵五星．韩国文化产业[M].北京：外语教学与研究出版社，2005 年．

[21]   ［英］查尔斯·兰德利．创意城市[M].杨幼兰译，北京：清华大学出版社，2009 年．

[22]   ［美］詹姆斯·韦伯杨．创意的生成[M].祝士伟译，北京：中国人民大学出版社，2014 年．

[23]   ［英］阿兰·斯威伍德．文化理论与现代性问题[M].黄世权 桂琳译，北京：中国人民大学出版社，2013 年．

[24]   ［英］吉姆·麦圭根．重新思考文化政策[M].何道宽译，北京：中国人民大学出版社，2013 年．

[25]   ［英］戴夫奥·布莱恩．文化政策[M].魏家海、余勤译，大连：东北财经大学出版社，2016 年．

[26]   ［澳］戴维·索罗斯比．文化政策经济学[M].易昕译，大连：东北财经大学出版社，2013 年（12）．

[27]   杨永忠，林明华．文化经济学[M].北京：经济管理出版社，2015 年．

[28]   伊恩·查斯顿．知本营销——21 世纪竞争之刃[M].张继军等译，北京：中国人民大学出版社，2007（10）．

[29]   ［美］迈克尔·波特．竞争优势[M].陈小悦译，北京：华夏出版社，2005（8）．

[30]   ［英］查尔斯·兰德里．创意城市[M].杨幼兰译，北京：清华大学出版社，2009（10）．

[31]   滕泰，冯磊．新供给主义经济理论和改革思想[J].经济研究参考，2014（1）．

[32]   张世君 王燕燕，韩国文化产业的税收制度[J].税务研究，2015（8）．

[33]   ［澳］戴维·索罗斯比．文化政策经济学[M].易昕（译），大连：东北财经大学出版社，2013（12）．

[34] 大卫赫斯蒙德夫.文化产业 [M].张菲娜译,北京:中国人民大学出版社, 2011（12）.

[35] 韩恩庆,孙皖怡.从消费者的支付意愿上来看韩流对经济产生的波及效果——以对中国的韩流周边文化产业及韩国制品消费产业的影响为中心 [C].韩中广播交流,2005（7）.

[36] 杜冰.韩国文化产业发展现状 [J].国际资料信息,2011（10）.

[37] 张国涛.本土生产与国际传播——试析韩剧的生产机制与传播策略 [J].南方电视学刊,2005（5）.

[38] 张永文,李谷兰.韩国发展文化产业的战略和探析 [J].北京观察,2011（9）.

[39] 张智华.文化产业政策与韩国电视剧的发展 [J].中国电视,2011（8）.

[40] 冯冬,宋洁.韩国电视剧产业成功原因及启示 [J].电影评介,2011（18）.

[41] 王作岩.浅谈韩剧的明星影响力 [J].记者摇篮,2011（7）.

[42] 宋魁.韩国文化产业发展的背景、特点及其启示 [J].黑龙江社会科学,2011（1）.

[43] [韩]申惠善.解开韩剧风靡中国之谜——韩剧对外营销策略 [J].当代电影, 2008（5）.

[44] 赵丽芳,柴葆青.韩国文化产业爆炸式增长背后的产业振兴政策 [J].新闻界, 2011（3）.

[45] 杨眉.韩国文化产业为何这么火 [J].中国经济周刊,2011（7）.

[46] 芮晓恒.从"星星"热看"韩流".南都网.http://news.nandu.com/html/201402/28/826132.html.2014年2月28日.

[47] 宋魁.文化对韩国经济发展的影响 [J].学习与探索,2005（6）.

[48] 李敦球.中韩自贸协定的战略意义 [N].中国青年报,2015年12月16日, 第7版.

[49] 国家统计局社会科技和文化产业统计司,2015文化及相关产业统计概览 [M].北京:中国统计出版社,2015（12）.

[50] 高虎城.借力中韩自贸协定共襄区域发展繁荣 [J].国际商务

财会，2015（6）.

[51] 商务部.中韩自由贸易协定文本.[EB/OL].http：//fta.
mofcom.gov.cn/korea/ korea_special.shtml.

[52] 韩国贸易协会.韩国与山东省贸易统计.[EB/OL].http：//stat.
kita.net/stat/ istat/cts/CtsItemImpExpDetailPopup.screen.

[53] 陈锐.山东省文化贸易现状制约因素及对策建议[J].价格月
刊，2014（7）.

[54] 牛林杰."欧亚倡议"+"一带一路"：深化中韩合作新机遇[J].
世界知识， 2015（5）.

网 站

[55] http：//chinese.yonhapnews.co.kr/

[56] http：//www.daum.net/

[57] http：//www.copyright.or.kr/

[58] http：//www.naver.com/

[59] http：//www.kcta.or.kr/

[60] http：//c.kocenter.cn/

[61] http：//www.kocca.kr/

[62] http：//www.koreanfilm.or.kr/

[63] http：//chinese.visitkorea.or.kr/

[64] http：//www.presskorea.or.kr/

[65] http：//www.sdwht.gov.cn

[66] http：//www.stats-sd.gov.cn/

附　录

《文化及相关产业分类（2012）》

类别名称	国民经济行业代码
第一部分　文化产品的生产	
一、新闻出版发行服务	
（一）新闻服务	
新闻业	8510
（二）出版服务	
图书出版	8521
报纸出版	8522
期刊出版	8523
音像制品出版	8524
电子出版物出版	8525
其他出版业	8529
（三）发行服务	
图书批发	5143
报刊批发	5144
音像制品及电子出版物批发	5145
图书、报刊零售	5243
音像制品及电子出版物零售	5244
二、广播电视电影服务	
（一）广播电视服务	
广播	8610

类别名称	国民经济行业代码
电视	8620
（二）电影和影视录音服务	
电影和影视节目制作	8630
电影和影视节目发行	8640
电影放映	8650
录音制作	8660
三、文化艺术服务	
（一）文艺创作与表演服务	
文艺创作与表演	8710
艺术表演场馆	8720
（二）图书馆与档案馆服务	
图书馆	8731
档案馆	8732
（三）文化遗产保护服务	
文物及非物质文化遗产保护	8740
博物馆	8750
烈士陵园、纪念馆	8760
（四）群众文化服务	
群众文化活动	8770
（五）文化研究和社团服务	
社会人文科学研究	7350
专业性团体（的服务）*	9421
一学术理论社会团体的服务	
一文化团体的服务	
（六）文化艺术培训服务	
文化艺术培训	8293
其他未列明教育 *	8299
一美术、舞蹈、音乐辅导服务	
（七）其他文化艺术服务	

类别名称	国民经济行业代码
其他文化艺术业	8790
四、文化信息传输服务	
（一）互联网信息服务	
互联网信息服务	6420
（二）增值电信服务（文化部分）	
其他电信服务 *	6319
—增值电信服务（文化部分）	
（三）广播电视传输服务	
有线广播电视传输服务	6321
无线广播电视传输服务	6322
卫星传输服务 *	6330
—传输、覆盖与接收服务	
—设计、安装、调试、测试、监测等服务	
五、文化创意和设计服务	
（一）广告服务	
广告业	7240
（二）文化软件服务	
软件开发 *	6510
—多媒体、动漫游戏软件开发	
数字内容服务 *	6591
—数字动漫、游戏设计制作	
（三）建筑设计服务	
工程勘察设计 *	7482
—房屋建筑工程设计服务	
—室内装饰设计服务	
—风景园林工程专项设计服务	
（四）专业设计服务	
专业化设计服务	7491

类别名称	国民经济行业代码
六、文化休闲娱乐服务	
（一）景区游览服务	
公园管理	7851
游览景区管理	7852
野生动物保护*	7712
—动物园和海洋馆、水族馆管理服务	
野生植物保护*	7713
—植物园管理服务	
（二）娱乐休闲服务	
歌舞厅娱乐活动	8911
电子游艺厅娱乐活动	8912
网吧活动	8913
其他室内娱乐活动	8919
游乐园	8920
其他娱乐业	8990
（三）摄影扩印服务	
摄影扩印服务	7492
七、工艺美术品的生产	
（一）工艺美术品的制造	
雕塑工艺品制造	2431
金属工艺品制造	2432
漆器工艺品制造	2433
花画工艺品制造	2434
天然植物纤维编织工艺品制造	2435
抽纱刺绣工艺品制造	2436
地毯、挂毯制造	2437
珠宝首饰及有关物品制造	2438
其他工艺美术品制造	2439
（二）园林、陈设艺术及其他陶瓷制品的制造	

类别名称	国民经济行业代码
园林、陈设艺术及其他陶瓷制品制造 *	3079
一陈设艺术陶瓷制品制造	
（三）工艺美术品的销售	
首饰、工艺品及收藏品批发	5146
珠宝首饰零售	5245
工艺美术品及收藏品零售	5246
第二部分　文化相关产品的生产	
八、文化产品生产的辅助生产	
（一）版权服务	
知识产权服务 *	7250
一版权和文化软件服务	
（二）印刷复制服务	
书、报刊印刷	2311
本册印制	2312
包装装潢及其他印刷	2319
装订及印刷相关服务	2320
记录媒介复制	2330
（三）文化经纪代理服务	
文化娱乐经纪人	8941
其他文化艺术经纪代理	8949
（四）文化贸易代理与拍卖服务	
贸易代理 *	5181
一文化贸易代理服务	
拍卖 *	5182
一艺（美）术品、文物、古董、字画拍卖服务	
（五）文化出租服务	
娱乐及体育设备出租 *	7121
一视频设备、照相器材和娱乐设备的出租服务	
图书出租	7122
音像制品出租	7123

类别名称	国民经济行业代码
（六）会展服务	
会议及展览服务	7292
（七）其他文化辅助生产	
其他未列明商务服务业 *	7299
—公司礼仪和模特服务	
—大型活动组织服务	
—票务服务	
九、文化用品的生产	
（一）办公用品的制造	
文具制造	2411
笔的制造	2412
墨水、墨汁制造	2414
（二）乐器的制造	
中乐器制造	2421
西乐器制造	2422
电子乐器制造	2423
其他乐器及零件制造	2429
（三）玩具的制造	
玩具制造	2450
（四）游艺器材及娱乐用品的制造	
露天游乐场所游乐设备制造	2461
游艺用品及室内游艺器材制造	2462
其他娱乐用品制造	2469
（五）视听设备的制造	
电视机制造	3951
音响设备制造	3952
影视录放设备制造	3953
（六）焰火、鞭炮产品的制造	
焰火、鞭炮产品制造	2672

类别名称	国民经济行业代码
（七）文化用纸的制造	
机制纸及纸板制造 *	2221
一文化用机制纸及纸板制造	
手工纸制造	2222
（八）文化用油墨颜料的制造	
油墨及类似产品制造	2642
颜料制造 *	2643
一文化用颜料制造	
（九）文化用化学品的制造	
信息化学品制造 *	2664
一文化用信息化学品的制造	
（十）其他文化用品的制造	
照明灯具制造 *	3872
一装饰用灯和影视舞台灯制造	
其他电子设备制造 *	3990
一电子快译通、电子记事本、电子词典等制造	
（十一）文具乐器照相器材的销售	
文具用品批发	5141
文具用品零售	5241
乐器零售	5247
照相器材零售	5248
（十二）文化用家电的销售	
家用电器批发 *	5137
一文化用家用电器批发	
家用视听设备零售	5271
（十三）其他文化用品的销售	
其他文化用品批发	5149
其他文化用品零售	5249
十、文化专用设备的生产	
（一）印刷专用设备的制造	

类别名称	国民经济行业代码
印刷专用设备制造	3542
（二）广播电视电影专用设备的制造	
广播电视节目制作及发射设备制造	3931
广播电视接收设备及器材制造	3932
应用电视设备及其他广播电视设备制造	3939
电影机械制造	3471
（三）其他文化专用设备的制造	
幻灯及投影设备制造	3472
照相机及器材制造	3473
复印和胶印设备制造	3474
（四）广播电视电影专用设备的批发	
通信及广播电视设备批发 *	5178
—广播电视电影专用设备批发	
（五）舞台照明设备的批发	
电气设备批发 *	5176
—舞台照明设备的批发	

对延伸层文化生产活动内容的说明			
序号	类别名称及代码		文化生产活动的内容
	小类	延伸层	
1	专业性团体（的服务）（9421）	学术理论社会团体的服务	包括党的理论研究、史学研究、思想工作研究、社会人文科学研究等团体的服务
		文化团体的服务	包括新闻、图书、报刊、音像、版权、广播、电视、电影、演员、作家、文学艺术、美术家、摄影家、文物、博物馆、图书馆、文化馆、游乐场、公园、文艺理论研究、民族文化等团体的服务。
2	其他未列明教育（8299）	美术、舞蹈、音乐辅导服务	包括美术、舞蹈和音乐等辅导服务。
3	其他电信服务（6319）	增值电信服务（文化部分）	包括手机报、个性化铃声、网络广告等业务服务。

对延伸层文化生产活动内容的说明			
序号	类别名称及代码		文化生产活动的内容
	小类	延伸层	
4	卫星传输服务（6330）	传输、覆盖与接收服务	包括卫星广播电视信号的传输、覆盖与接收服务。
		设计、安装、调试、测试、监测等服务	包括卫星、广播电视传输、覆盖、接收系统的设计、安装、调试、测试、监测等服务。
5	软件开发（6510）	多媒体、动漫游戏软件开发	包括应用软件开发及经营中的多媒体软件和动漫游戏软件开发及经营活动。
6	数字内容服务（6591）	数字动漫、游戏设计制作	包括数字动漫制作和游戏设计制作等服务。
7	工程勘察设计（7482）	房屋建筑工程设计服务	包括房屋（住建、商业用房、公用事业用房、其他房屋）建筑工程设计服务。
		室内装饰设计服务	包括住宅室内装饰设计服务和其他室内装饰设计服务。
		风景园林工程专项设计服务	包括各类风景园林工程专项设计服务。
8	野生动物保护（7712）	动物园和海洋馆、水族馆管理服务	包括动物园管理服务，放养动物园管理服务，鸟类动物园管理服务，海洋馆、水族馆管理服务。
9	野生植物保护（7713）	植物园管理服务	包括各类植物园管理服务。
10	园林、陈设艺术及其陶瓷制品制造（3079）	陈设艺术陶瓷制品制造	包括室内陈设艺术陶瓷制品、工艺陶瓷制品、陶瓷壁画、陶瓷制塑像和其他陈设艺术陶瓷制品的制造。
11	知识产权服务（7250）	版权和文化软件服务	版权服务包括版权代理服务、版权鉴定服务、版权咨询服务、海外作品登记服务、涉外音像合同认证服务、著作权使用报酬收转服务、版权贸易服务和其他版权服务。文化服务包括软件代理、软件著作权登记、软件鉴定等服务。
12	贸易代理（5181）	文化贸易代理服务	包括文化用品、图书、音像、文化用家用电器和广播电视器材等国际国内贸易代理服务。
13	拍卖（5182）	艺（美）术品、文物、古董、字画拍卖服务	包括艺（美）术品拍卖服务，文物拍卖服务，古董、字画拍卖服务。

对延伸层文化生产活动内容的说明			
序号	类别名称及代码		文化生产活动的内容
	小类	延伸层	
14	娱乐及体育设备出租（7121）	视频、照相器材和娱乐设备的出租服务	包括视频设备出租服务、照相器材出租服务、娱乐设备出租服务。
15	其他未列明商务服务业（7299）	公司礼仪和模特服务	公司礼仪服务包括开业典礼、庆典及其他重大活动的礼仪服务。模特服务包括服装模特、艺术模特和其他模特等服务。
		大型活动组织服务	包括文艺晚会策划组织服务，大型庆典活动策划组织服务，艺术、模特大赛策划组织服务，艺术节、电影节等策划组织服务，民间活动策划组织服务，公益演出、展览等活动的策划组织服务；其他大型活动的策划组织服务。
		票务服务	包括电影票务服务，文艺演出票务服务，展览、博览会票务票服务
16	机制纸及纸板制造（2221）	文化用机制纸及纸板制造	包括未涂布印刷书写用纸制造、涂布类印刷纸制造、感应纸及纸板制造。
17	颜料制造（2643）	文化用颜料制造	包括水彩颜料、水粉颜料、油画颜料、国画颜料、调色料及其他艺术用颜料、美工塑型用膏等制造。
18	信息化学品（2664）	文化用信息化学品的制造	包括感光胶片的制造，摄影感光纸、纸板及纺织物制造，摄影用化学制剂，复印机用化学剂制造，空白磁带、空白磁盘、空盘制造。
19	照明灯具制造（3872）	装饰用灯和影视舞台灯制造	包括装饰用灯（圣诞树用成套灯具、其他装饰用灯）和影视舞台灯的制造。
20	其他电子设备制造（3990）	电子快译通、电子记事本、电子词典等制造	包括电子快译通、电子记事本、电子词典等电子设备的制造。
21	家用电器批发（5137）	文化用家用电器批发	包括电视机、摄录像设备、便携式收录放设备、音响设备等的批发。
22	通信及广播电视设备批发（5178）	广播电视电影专用设备批发	包括广播设备、电视设备、电影设备、广播电视卫星设备等的批发
23	电气设备批发（5176）	舞台照明设备的批发	包括各类舞台照明设备的批发。

后 记

　　2018年伊始，山东省政府提出新旧动能转换的重大发展战略，加快新旧动能转换是山东省在决胜全面建成小康社会、开启全面建设社会主义现代化国家新征程中走在前列的重要战略部署，既是重大机遇，也是重大责任，更是重大挑战。文化产业作为新动能的重要载体，被列为重点发展的支柱产业之一。在此背景下，本书作为山东社科规划项目的成果，试图在山东文化产业发展政策和路径方面，结合韩国文化产业发展的成功经验，为山东省文化产业政策的制定提供部分参考。

　　山东文化产业近年来在产业结构优化和产业链的建构等方面取得不小的成绩，但总体上"大而不强"的格局特点没有根本改变，产业发展相对于北京、上海和深圳等地区还有不小的差距，产业竞争力有待于提升。与山东一衣带水的韩国文化产业起步较早，市场化程度高，其发展历程和经验对我国具有借鉴意义。山东可以利用地缘优势和中韩自贸协定，加强与日韩的合作，提高文化产业竞争力。